# 50 ANOS DE PARNASO

CLÓVIS RAMOS

# 50 ANOS DE PARNASO

☆

FEDERAÇÃO ESPÍRITA BRASILEIRA
DEPARTAMENTO EDITORIAL E GRÁFICO
Rua Souza Valente, 17
20941-040 — Rio-RJ — Brasil

**ISBN 85-7328-298-3**

B.N. 27.788

**2ª edição** – *Do 11º ao 12º milheiro*

5,9-AA; 000.2-O; 9/2002

Capa pelo Espírito HERMMANN
Soneto *Parnaso de Além-Túmulo* de CLÓVIS RAMOS
Prefácio de FRANCISCO THIESEN
Apresentação de HERNANI T. SANT'ANNA



*Composição, fotolitos e impressão offset:*
*Departamento Gráfico da FEB – Rua Souza Valente, 17*
*20941-040 – Rio de Janeiro, RJ – Brasil*
*CNPJ nº 33.644.857/0002-84* *I.E. nº 81.600.503*

**Pedidos de livros à FEB – Departamento Editorial:**
**Tel: (0xx 21) 2589-6020, FAX: (0xx 21) 2589-6838.**

CIP-BRASIL. CATALOGAÇÃO-NA-FONTE
SINDICATO NACIONAL DOS EDITORES DE LIVROS, RJ.

R142c
2. ed.

Ramos, Clóvis, 1922-
50 anos de Parnaso / Clóvis Ramos; [desenho mediúnico Espírito Hermann; prefácio de Francisco Thiesen; apresentação de Hernani T. Sant'Anna]. – 2. ed. – Rio de Janeiro: Federação Espírita Brasileira, 2002
152p.:

Soneto Parnaso de Além-Túmulo de Clóvis Ramos
ISBN 85-7328-298-3

1. Parnaso de Além-Túmulo. 2. Obras psicografadas. 3. Poesia espírita. I. Federação Espírita Brasileira. II. Título. III. Título: 50 anos de Parnaso.

02-1437. CDD 133.93
CDU 133.7

21.08.02 26.08.02 001559

# ÍNDICE

# PARNASO DE ALÉM-TÚMULO

Além, pelos Espaços, canta, ainda,
O Espírito sonhando com a Virtude.
Toca, no coração, seu alaúde,
E a melodia sem igual não finda.

É a Poesia do Além, na excelsitude
Do Belo, da Ternura calma e linda!
E a Saudade é também canção bem-vinda
Ao triste, que deixou seu ataúde!

Parnaso de Além-Túmulo — Poesia
Da Vida que não causa medo e espanto,
E conduz, pura e santa, a Alma à Alegria.

Castália que nos vem de outras esferas,
Inunda a Terra o luminoso pranto,
Num esplendor de eternas primaveras!

**Clóvis Ramos**

2.4.1981

# MEIO SÉCULO DE POESIA

## 1932 — 6 DE JULHO — 1982

*Depois dos estudos de Elias Barbosa, para a 9ª edição, de 1972 — quando do 40º ano do* Parnaso de Além-Túmulo *—, preparou-nos o amigo jornalista e escritor Clóvis Ramos um volume independente homenageando a fabulosa produção poética do Além-Túmulo, pelo lápis de Francisco Cândido Xavier, originária de poetas brasileiros e portugueses cultores do nosso vernáculo.*

*Este trabalho, que é precedido de soneto do próprio autor, datado de 2-4-1981 ("Parnaso de Além-Túmulo"), e de uma página de Hernani T. Sant' Anna ("À Guisa de Apresentação"), responde a várias perguntas e explica umas tantas coisas. Obviamente, porém, não satisfará a todas as indagações nem elucidará completamente algumas dúvidas.*

*Todavia, o empenho da Casa-Máter do Espiritismo, no Brasil, em corresponder às determinações da Espiritualidade Superior, com sinceridade e até mesmo sacrifícios ("Haja sol, faça frio ou tempestade" —* Auta de Souza*), permanece acima e além* *das hesitações e vacilações dos que, em cem anos, não conseguiram entender devidamente o que significa o labor de Ismael.*

*Mas, no esforço feito e jamais interrompido de comprovar para toda gente, pela arte poética dos autores mais representativos da língua portuguesa, a sobrevivência e a imortalidade dos seres, na conformidade da Perfeição e Justiça das Leis de Deus, reside um santo objetivo da misericordiosa ação de Jesus-Cristo pelas "Vozes dos Céus" — o Consolador Prometido.*

*Francisco Cândido Xavier foi o instrumento desses poetas, cujo livro completa meio século, tempo durante o qual milhares de criaturas compreenderam que entre o* Aquém *e o* Além-Túmulo *há apenas barreira ou limite vibratório, porquanto na Criação de Deus existe sempre e somente VIDA.*

*É igualmente este livro uma satisfação — como outros volumes ora em preparo para oportuna editoração — aos espíritas que jamais duvidaram da integridade da Federação Espírita Brasileira diante de diatribes dos mais agitados e ardorosos expoentes das "inquietações do século".*

*A obra da Mediunidade aí está, no mundo, vitoriosa. No Brasil, e falamos aqui em* Parnaso de Além-Túmulo, *em parte porque Francisco Cândido Xavier, com absoluta naturalidade e perseverança, aceitou o conselho do Espírito de Eça de Queiroz:* "Não busques ser o gênio. Sê o apóstolo." *E porque a Casa de Ismael, seguindo o lema de seu Guia —* "DEUS, CRISTO E CARIDADE" *—, jamais deixou de admitir* "que de amar e sofrer se fazem as existências dos grandes e poderosos e dos humildes. Amar sem sofrer, impossível. Sofrer é, em verdade, amar: amar a Deus ou amar a alguém de todo o coração — *ou* amar só a si mesmo, o que não é louvável" *(Clóvis Ramos).*

* * *

*A capa do livro nós a identificamos no formoso desenho de* Hermmann *(Espírito), obtido durante a sessão do* Conselho Federativo Nacional, *da FEB, em Brasília (DF), de 2 a 4-7-1982, pelo médium Júlio Cezar Grandi Ribeiro, quando a Presidência falava sobre o cinqüentenário do* Parnaso de Além-Túmulo.

*Brasília (DF), 13/14 de julho de 1982*

Francisco Thiesen

*Presidente da Federação Espírita Brasileira*

# À GUISA DE APRESENTAÇÃO

*Creio que, por mais privilegiados que sejam, falece aos contemporâneos de alguém a projeção histórica indispensável para avaliarem com justeza o grau de sua influência na perspectiva do tempo. Assim, por mais aptidões julguemos possuir, penso que ainda não podemos fazer idéia adequada de como será lembrado, no grande futuro, o nosso tão querido Francisco Cândido Xavier.*

*Se, porém, não podemos investir-nos no direito de ajuizar pelo porvir, podemos certamente recordar o passado e sentir com toda a força o presente, agindo de acordo com o nosso entendimento e com o nosso coração. Se não nos assiste o poder de falar pelas gerações porvindouras, que irão compulsar e aferir a obra mediúnica do Chico, temos sobre ela os nossos próprios juízos, na condição de seus contemporâneos e beneficiários diretos — e é nesses juízos que alicerçamos os nossos sentimentos. Para nós, portanto — e falo por mim, no caso —, o Chico e sua obra (e não os separo, porque a meu ver intimamente se entrosam e se completam) representam a própria consolidação do trabalho codificador de Kardec, quer pela exuberância de sua contribuição fenomenológica, quer pelo impacto e pela projeção de seu ideário, quer pela extraordinária pujança de sua exemplificação.*

*Natural, por conseguinte, considere mais do que justo que se comemore, com todas as homenagens, o aparecimento do livro que marcou o início do messianato desse apóstolo da mediunidade, que é o nosso Chico Xavier. A primeira edição do*

*"Parnaso de Além-Túmulo" revelou o maior médium do século e um dos maiores de toda a história da nossa Humanidade, lançou as bases e firmou as diretrizes de uma obra portentosa, que se desenvolveria a partir de então e deu começo a toda uma maravilhosa sinfonia de consolações e de esperanças, que se desdobraria através de muitos anos de recebimento e divulgação de preciosas mensagens de mortos-redivivos.*

*Tenho, pois, razões para supor que o cinqüentenário de fato histórico tão importante seja carinhosamente celebrado pelos espiritistas, mas imagino que nenhum preito será mais valioso e mais belo do que o livro "50 ANOS DE PARNASO", que o Clóvis Ramos acaba de escrever. Em verdade, já conhecia no autor o poeta de escol e o batalhador intimorato dos ideais espíritas, mas não o sabia pesquisador de tais recursos e analista de tanta percuciência. Seu livro chega na hora certa, como contribuição das mais importantes e oportunas às letras e ao movimento espíritas.*

*O trabalho do Clóvis está dividido em seis capítulos. No primeiro — "50 Anos de Poesia" —, o autor, após brilhantes considerações iniciais, "reapresenta", em concisas súmulas felizes, os poetas desencarnados que produziram o livro. No segundo capítulo, dedicado ao médium Francisco Cândido Xavier, reúne expressivos depoimentos de Clóvis Tavares, Elias Barbosa, Melo Teixeira, Ismael Gomes Braga e J. Herculano Pires. No terceiro capítulo, intitulado "O Parnaso de Além-Túmulo", o autor inseriu novos depoimentos de grande valor, dentre os quais os de R. A. Ranieri, Manuel Quintão e do próprio Chico. Pronunciamentos notáveis e esclarecedores não faltam também no capítulo IV, onde são citados, com oportunidade, Humberto de Campos (opinião ainda de encarnado), Roque Jacintho, Wallace Leal V. Rodrigues e Francisco Thiesen. Este último, hoje Presidente da Federação Espírita Brasileira, fornece, na parte transcrita de um dos seus trabalhos, informações importantíssimas sobre a forma inicial, o desenvolvimento, a revisão e as sucessivas edições do "Parnaso", que mereceram cuidados e atenções especiais dos Espíritos, do médium e da Casa de Ismael, cuja silenciosa dedicação e produtiva honestidade de conduta ainda não mereceram, até agora, talvez por desinformação ou preconceito, o justo reconhecimento de numerosos confrades.*

*Muito bem andou, em razão disso, o Clóvis, no paciente trabalho de pesquisa e divulgação que inseriu no capítulo V de seu livro, intitulado "A Revisão dos Espíritos". No sexto e último capítulo, novas apreciações sobre os autores espirituais das poesias e sobre as idéias deles, e transcrição de algumas páginas notáveis sobre a vida e sobre a morte.*

*A homenagem do Clóvis Ramos — e da FEB —, nas comemorações do cinqüentenário do "Parnaso de Além-Túmulo", é, pois, um trabalho oportuno e meritório, que merece toda a atenção e todo o apreço. Trabalho de poeta-operário, de idealista consciente, a exalçar sem fantasias uma obra poética marcante que honra os anais do Espiritismo.*

Hernani T. Sant'Anna

# I — 50 ANOS DE POESIA

Poesia que difunde a imortalidade da alma, e louva, em todos os tons e todos os ritmos, Aquele que venceu a morte, a saber: Jesus Nazareno: "Se o Cristo não ressuscitou, então é vã a vossa fé" — escreveu o Apóstolo Paulo. Cristo ressuscitou, e todos ressuscitam — na carne, nos renascimentos, ou em espírito, quando chega o último dia, isto é, o fim da existência material.

No *Parnaso de Além-Túmulo*, a vida na morte é a certeza que nos conforta e nos reanima a prosseguir nas lutas deste mundo, confiantes de que Jesus a todos nos espera, e a todos salva com seu infinito amor de Irmão, Senhor e Mestre. Vida exuberante no Outro Mundo, rica de emoções, de aprendizado, ora nas regiões de treva e dor, de espíritos culpados, ora em lugares de paz e luz, morada de almas felizes, na antevisão de Dante Alighieri, na *Divina Comédia*.

Os poetas, como novos apóstolos do Cristo (os que já haviam "morrido", na opinião da maioria dos homens, é claro), voltaram dos túmulos para apontar rumos, testemunhando, surpreendentemente, as misericórdias divinas. Vida na morte, tudo dentro da lei da justiça, que dá a cada um segundo o seu merecimento.

Os poetas voltaram, e sempre voltam, ao contrário de Lázaro da parábola, impedido de deixar "o seio de Abraão" a pedido do rico que se viveu banqueteando com os amigos, indiferente ao mísero, em chagas e em dores, à sua porta.

Aqui, a lição do *Novo Testamento*, no registro de Lucas, 16:19 a 31, e na linguagem atual de *O Reino não dividido* ou *Evangelho para a Era Espacial*:

— Havia um homem rico, que se vestia de púrpura e de linho finíssimo, e que todos os dias banqueteava esplendidamente. E um mendigo, chamado Lázaro, coberto de chagas, que jazia à porta daquele. Desejava saciar-se com as migalhas que caíam da mesa do rico, e ninguém lhas dava; mas os cães vinham lamber-lhe as feridas.

Sucedeu morrer o mendigo e foi levado pelos anjos ao seio de Abraão; morreu também o rico, e foi sepultado. No inferno, estando em tormentos, levantou os olhos e viu ao longe Abraão e Lázaro no seu seio. Então exclamou: "Pai Abraão, tem pena de mim, e manda a Lázaro que molhe na água a ponta do dedo para refrescar a minha língua, pois sou atormentado nesta chama." E Abraão disse-lhe: "Filho, lembra-te que recebeste os teus bens em tua vida, e Lázaro, apenas, os males; agora, porém, ele encontra consolo aqui, e tu padeces. Além disso, entre nós e vós está um grande abismo, de sorte que os que querem passar daqui para vós, não o podem, nem daí se atravessa para nós." Replicou o rico: "Rogo-te, então, que o mandes à minha casa paterna, porque tenho cinco irmãos; para que os advirta disto, e não suceda virem também eles parar neste lugar de tormento." Responde Abraão: "Eles têm Moisés e os profetas; que os ouçam!" "Não, pai Abraão — disse-lhe, ainda, o rico —, se alguém dentre os mortos for ter com eles, por certo se arrependerão." Mas Abraão concluiu: "Se não dão ouvidos a Moisés e aos Profetas, tampouco se deixarão persuadir, ainda que ressuscite alguém dentre os mortos."

Não obstante parecer, à primeira vista, que o exemplo apresentado por Jesus aos seus discípulos invalida a possibilidade de um intercâmbio entre os dois mundos

— o material e o espiritual —, ele o confirma. O que sofreu fome e frio, feridas sangrando, e abandono, a miséria, foi levado pelos anjos (Espíritos) ao encontro de Abraão, o patriarca do povo de Israel, que também morrera, e o outro também se viu *vivo*, em "tormentos infernais" pela sua maldade, seu egoísmo, suas poucas virtudes, potentado que só pensava na satisfação dos seus apetites carnais. Abrasado em chamas de remorso, viu Lázaro com sua recompensa de felicidade, e suplicou lhe fosse permitido socorrer-lhe, "molhando na água a ponta do dedo". Um abismo existia entre ambos, que Abraão não poderia transpor e muito menos Lázaro, chegado há pouco ao mundo dos Espíritos, mas que o Deus de Abraão (e de Isaque e de Jacó) sim, que sempre pôde, como a História tantas vezes o comprova. Certeza passou a ter, se dantes não tinha, o que fora rico de bens materiais, de que alguém dentre os mortos podia ir ter com seus cinco irmãos, que se arrependeriam. Um "morto" poderia ressuscitar, isto é, apresentar-se, na Terra, vivo, mas... se não davam ouvidos a Moisés e aos Profetas! Também ainda hoje muitos não dão ouvidos às revelações do Além, e até dAquele que nos garantiu essa vida que começa ou recomeça com a morte. Os "mortos" viriam mostrar-se aos homens, e sempre vieram, que há quem pode mais que Abraão: o Deus de Jesus, o Deus de Pedro e João, de Paulo de Tarso, de Estêvão, e nosso Deus, que anulou os *abismos* com seu supremo amor, e permitiu, principalmente depois de 1848, que as almas dos chamados "mortos", de parentes e amigos, voltassem a este mundo em missão de esclarecimento, descerrando, a toda gente, a "vida além do véu". E Lázaro, refeito de sua vida dolorosa, já iluminado por causa de suas provações terrenas, suas renúncias, voltou também, certamente, e muitos ricos foram advertidos da outra vida: vieram, os seres dos Espaços, dizer aos seus irmãos da Terra os perigos de se achar que a vida é uma só, que nela tudo é permitido, até mesmo se viver alheio às dores do próximo, à fome do próximo. A Lei é, sempre foi e será: "Amai-vos uns aos outros como eu vos amei", e o maior, para ser realmente o maior, tem que ser servo de todos.

Vida em plenitude, eis a vida do Além, que os autores do *Parnaso* revelam, nos seus versos eloqüentes, ora alegres, ora tristes, mas cheios do sentimento fraternal, que avisa os incautos, ampara os caídos, e consola os que choram. E vêm a propósito as palavras de Humberto de Campos, Espírito, no início do livro nº 1, de Francisco Cândido Xavier, quando o médium mineiro não contava nem vinte anos de idade:

"Decerto, os que receberem novamente o *Parnaso de Além-Túmulo* dirão mais ou menos o que eu disse (quando surgiu, em 1935, a 2ª edição do livro — esclareceu, em nota de rodapé, a Editora). Hão de estranhar que os mortos prossigam com as mesmas tendências, tangendo os mesmos assuntos que aí constituíam a série de suas preocupações. Existem até os que reclamam contra a nossa liberdade. Desejariam que estivéssemos algemados nos tormentos do inferno, em recompensa dos nossos desequilíbrios no mundo, como se os nossos amargores, daí, não bastassem para nos inclinar à verdade compassiva.

Individualmente, é indubitável que possuímos no Além o reflexo das nossas virtudes ou das nossas misérias.

Mas é razoável que apareçamos no mundo, gritando como alucinados? Os habitantes dos reinos da Morte ainda apreciam o decoro e a decência, e o nosso presente é sempre a experiência do passado e a esperança no futuro."

Outro trecho:

"Os mortos falam e a Humanidade está ansiosa, aguardando a sua palavra.

Conta-se que na guerra russo-japonesa, terminada a batalha de Tsushima, o grande Togo reuniu os seus soldados no cemitério de Oogama, e na tristeza majestosa do ambiente, em nome da nacionalidade, dirigiu-se aos mortos em termos comovedores; concitou-os a auxiliar as manobras militares, a visitar os cruzadores de guerra, levantando o ânimo dos companheiros que haviam ficado nas pelejas. Uma claridade nova cantou as energias espirituais do valente adversário da pátria de Stoessel e os filhos de Yoritomo venceram.

Na atualidade, afigura-se-nos que os brados de todos os sofredores e infelizes da Terra se concentram numa súplica grandiosa que invade as vastidões como o grito do valoroso almirante.

— De pé, os mortos!... — exclama-se — porque os vivos da Terra se perdem nos abismos tenebrosos.

Os institutos da Civilização têm sido impotentes para resolver o problema do nosso ser e dos nossos destinos.

As filosofias e as religiões estenderam sobre nós o manto carinhoso das suas concepções, mas esses mantos estão rotos!... Temos frio, temos fome, temos sede!

E os considerados mortos falam ao mundo na sua linguagem de estranha purificação. A Ciência, zelosa de suas conquistas, ainda não ouviu a sua vibração misteriosa, mas os filhos do infortúnio sentem-se envolvidos na onda divina de um novo *Gloria in excelsis*, e a Humanidade sofredora sente-se no caminho consolador da sublime esperança."

Há vida na morte, sabemos, e os poetas — brasileiros e portugueses —, com a permissão de Deus, quiseram confirmar-nos nesta verdade, e, aos que duvidam, aos que nada sabem sobre a preexistência e a sobrevivência do espírito humano, dar um testemunho irrecusável dessa outra vida, tão esperada por uns e temida por outros. Ora, como já dizia o poeta Fernando Pessoa, o dos "heterônimos", ele também um grande médium: "morte é a curva da estrada,/morrer é só não ser visto". Às vezes até podem ser vistos os supostos mortos, e tocados. No primeiro caso, por médiuns videntes, no segundo, nas chamadas materializações de Espíritos.

No *Parnaso de Além-Túmulo*, os nossos poetas já falecidos são *vistos* no seu modo de ser, cáda um apresentando o seu estilo, como se ainda estivessem conosco, em carne e osso. E *vemos* Abel Gomes (Minas Gerais, 30-12-1877—16-8-1934), que deixou obra copiosa e esparsa, a dizer-nos que "Temos Jesus"; Alphonsus de Guimaraens (Ouro Preto, MG, 24-7-1870—Mariana, MG, 15-7-1921), "Redivivo", lembrando "Aos crentes", com seu misticismo, "Sinos" e "Santa Virgo Virginum"; Antero de Quental (S. Miguel, Açores, 1842—Ponta Delgada, 11-9-1891), também um místico, a confessar-nos o seu "Supremo engano" e — buscando ainda "Deus", a sua "Mão divina", na "Crença" —, explicando-nos o que é realmente a morte, que ele procurou, tresloucadamente, querendo a paz do Nada, Antero sempre voltado para as "Almas sofredoras", o eterno poeta de *Odes Modernas* e *Raios da Extinta Luz*, autor de sonetos como "Ciência ínfima", "Rainha do Céu", "À morte", "Depois da morte" (I, II e III), "O Remorso", "Consolai", "Não choreis", "Incognoscível", "Fatalidade", "Estranho concerto", e outros; Antônio Nobre (Porto, 16-8-1867—18-3-1900), o da Torre de Anto, tão "coração vai-te deitar", tão "alminha da Avó", como que reencontrou a sua *Purinha*, ele saído da Cova para a luz, que a Lua não é "Moirinha da Mágoa", em "Quadras de um poeta morto", e sonetos como "Do Além", "Soneto", "Ao mundo", "À Mocidade"; Artur Azevedo (S. Luís do Maranhão, 7-7-1855—Rio de Janeiro, 22-10-1908), jocoso como dantes, oferecendo-nos "Miniaturas da Sociedade elegante", como na "Velha Anedota", do Tertuliano sem juízo; Augusto de Lima (Sabará, Minas Gerais, 5-4-1859—Rio de Janeiro, 22-4-1934), alma de franciscano, louvando, em versos lindos, "O doce missionário", Anchieta, e "O santo de Assis", que "no suave mistério dos espaços, Santa Maria dos Anjos inda existe"; o outro Augusto, o paraibano de *Eu e outras poesias* (Espírito Santo, Estado da Paraíba, 20-4-1884—Leopoldina, MG, 12-11-1914), facilmente identificável em poemas como "Voz do Infinito", "Vozes de uma sombra" ("Donde venho? Das eras remotíssimas"), "Análise", "Evolução", "Dentro da noite", "Homem-célula", em sonetos como "Voz humana", "Homo" (I e II), "Incógnita", "Ego sum", "Ao homem", "Matéria cósmica", e tudo o mais, o mesmo poeta que nos legou "Psicologia de um Vencido", "Idealização da Humanidade", "Debaixo do Tamarindo", "Monólogo de uma Sombra", "O Lamento das Cousas" e outros — Augusto dos Anjos, o que mais contribuiu para o *Parnaso*, com versos na sua linguagem característica: "eternas rutilâncias", "estado prodrômico do mundo", "espírito absconso", "paroxismos", "esterquilínio", etc.; Auta de Souza (Macaíba, R. G. do Norte, 12-9-1876—Natal, 7-2-1901), a poetisa de "Almas dilaceradas", "Contrastes", "Mágoa", "Hora extrema", enfim, "Em paz", e que sempre viveu "Em êxtase", cantando as "Almas de virgens", ela que, nos dias de sua mocidade, teve seu *Horto*, tal o seu apego a Jesus, poetisa outrora melancólica, e, hoje, na "luz da eterna primavera, onde há paz para os pobres desgraçados", sempre mística, de coração ligado a Maria Santíssima.

E *vemos* B. Lopes (Rio Bonito, RJ, 19-1-1859—Rio de Janeiro, 18-9-1916), a alegrar-nos, de novo, com seus "Cromos" e "Miragens celestes"; Batista Cepelos (S. Paulo, 1872—Rio de Janeiro, 1915), o que foi pedir "à Natureza, um dia", "consolo a tantas dores" e entrou pela "porta da Agonia" — a do suicídio —, o mesmo poeta de *Os Bandeirantes*, elogiado por Olavo Bilac, a dizer-nos, em três sonetos de mestre, que andou "corroído por chagas interiores", "com ansiedade e temores dos galés", "na vastidão da noite tormentosa"; Belmiro Braga (Juiz de Fora, Minas Gerais, 7-1-1872—31-3-1937), chamado, com razão, o "Rouxinol Mineiro", com suas "Rimas de Outro Mundo" e seus "Bilhetes", o mesmo trovador destacado; Bittencourt Sampaio (Laranjeiras, Sergipe, 1º-2-1834—Rio de Janeiro, 10-10-1895), o mesmo épico de *A Divina Epopéia*, ou seja, o Evangelho de São João em versos brancos, poeta do amor à Virgem — estrela da esperança, salvação dos náufragos da vida, custódia das almas sofredoras, consolação e paz, que nos brinda também com

"À Maria", "Às filhas da Terra", "À Virgem"; Cármen Cinira (Cinira do Carmo Bordini Cardoso, Rio de Janeiro, 1902—30-8-1933), de *Crisálida*, *Grinalda de Violetas*, *Sensibilidade*, Cinira que glorificou o Amor, a Renúncia e o Sacrifício, em versos de rara beleza, como "Minha luz", a bendizer a Dor depuradora, grata, ainda, "Aos Espíritos consoladores" — não é, como ficaram dizendo na Terra, "Cigarra morta", cigarra distraída do futuro, e são dela: "Era uma vez...", "À Juventude", "O viajor e a Fé", "O sinal", "Na noite de Natal", tudo simplicidade e carinho; Casimiro Cunha (Vassouras, Rio de Janeiro, 14-4-1880—1914), espírita na Terra como no Além, que, desde *Singelos*, *Perispíritos* e *Aves Implumes*, já vivia "Na eterna luz", mesmo cego, enaltecendo o "Espiritismo", mostrando "Aos companheiros da Doutrina", em "Anjinhos", "Ascensão", "Quadras", "Versos", a "Supremacia da Caridade", o poeta das *Cartas do Evangelho*, *Cartilha da Natureza* e *Gotas de Luz*, livros psicografados por Chico Xavier, Casimiro — um "Símbolo", com "Sombra e luz", "O engano", "O beijo da morte", suas "Flores silvestres", seus "Pensamentos espíritas", e trovas ao caro Quintão; Casimiro de Abreu (Barra de São João, Rio de Janeiro, 4-1-1839—18-10-1860), personalíssimo, de novo o cantor de "A minha terra" — de horas fagueiras, céu primaveril, flores e esplendores, mangueiras, borboletas, tardes e amanheceres, beijos de mãe, sempre o poeta da infância, apontando aos pessimistas a verdade verdadeira: se há noite escura, tempestades, tristezas e saudades, amargura, dissabor na Terra, há sol, dias dourados, melodias, esperanças e alegrias, canções de eterno fulgor; Casimiro com suas "Lembranças" da moreninha "de negras e longas tranças", sempre "Recordando", como se continuasse *Primaveras*; Castro Alves (Curralinho, hoje Castro Alves, Bahia, 14-3-1847—Salvador, Bahia, 6-7-1871), ainda condoreiro em "Marchemos!", a clamar: "Para o Infinito marchai!" — seu verbo, em "A Morte", é espada da Verdade, que aureola a fronte de Hugo, e de novo se refere a Austerlitz e Waterloo, para dizer que "A Morte é transformação"!

E que dizer de Cruz e Souza (Desterro, atual Florianópolis, 24-11-1861—Sítio, atual Antônio Carlos, Minas Gerais, 19-3-1898), o mais espírita dos poetas brasileiros, o maior dos nossos simbolistas? Em a "Eternidade Retrospectiva", afirmou: "Eu me recordo de já ter vivido, mudo e só por olímpicas Esferas", e tudo — primaveras, aroma indefinido, e zonas inferiores, "fundas regiões do Pranto e do Gemido". Espírita, sim, que outra não podia ser a filosofia que ditou estes outros sonetos de *Broquéis*: "Mealheiros das Almas", "Espírito Imortal", "Alma Ferida", "Imortal Atitude", "Livre!", "Nova Agonia" e "Visão da Morte", e ainda estes, que fazem parte de *Últimos Sonetos*: "Vida Obscura", "Quando será?!", "Caminho da Glória", "Ironia de Lágrimas", "As Estrelas", "Divina", "Alma das Almas", "De Alma em Alma". Cruz e Souza, através de Chico Xavier, demonstra a sua sobrevivência com "Ansiedade", "Heróis", "Aos torturados", "A sepultura", "Alma livre", "Gloria victis", "Nossa mensagem", "Oração aos libertos", "Céu", "Aos tristes", "Beleza da morte", "Mensageiro", "Se queres", "À dor", "Noutras eras", "Sofre", "Exaltação", "Vozes", "Soneto", "Glória da Dor", "Quanta vez", "Ide e pregai", "Caridade", "Renúncia", "Tudo vaidade", "Ouvi-me", "Felizes os que têm Deus", "Glória aos humildes", "Aos trabalhadores do Evangelho". O Cisne Negro, como foi chamado, alto poeta catarinense, alma compadecida dos grandes desgraçados, e que foi um deles na sua passagem pela Terra — filho de escravos —, de novo se referiu às *geenas do pranto*, aos heróis das lutas torturantes, aos que viveram "chorando nas algemas", às formas alvadias, luminosas, às almas obscuras, o imortal falerno, benditas e eternas claridades!

E que dizer de Emílio de Menezes (Curitiba, 1866—Rio de Janeiro, 1918), sempre sarcástico em "Eu mesmo" e "Aos meus amigos da Terra"? O poeta de *Poemas da Morte*, 1901, e *Poesias*, 1909, de rimas opulentas, voltou recitando "epigramas descorteses", buscando rima em *osso*, fazendo-nos ver que lhe é impossível ser um santarrão: distante, embora, da garrafa, gosta das anedotas, com saudades do presunto; Luís Nicolau Fagundes Varela (Rio Claro, Rio de Janeiro, 17-8-1841—Niterói, 18-2-1875), o laureado cantor do *Evangelho nas Selvas*, do célebre "Cântico do Calvário", e como se vê em "Imortalidade": "Irmãos, eis-me de novo ao vosso lado!/ Venho de esferas lúcidas, radiosas,/Atravessei estradas tenebrosas/E sendas deslumbrantes e estelíferas,/Empunhando o saltério da esperança"; Guerra Junqueiro (Freixo de Espada à Cinta, Portugal, 15-9-1850—Lisboa, 7-7-1923), sarcástico, de novo na luta contra os maus padres (escreveu: "O padre João", "Caridade", "Romaria" — completando o poema do mesmo título, que está em *Poesias Dispersas* —, "A um padre", "Um Quadro da Quaresma"), poeta sempre descritivo, reafirmando que o Cristo solitário é a "Eterna Vítima"; Gustavo Teixeira (São Pedro de Piracicaba, São Paulo, 1881—1937), de *Ementário* e do *Último Evangelho*, é o lírico, amoroso de sua terra e de sua gente, saudoso de sua São Pedro de Piracicaba; Hermes Fontes (Vila de Boquim, Sergipe, 1888—Rio de Janeiro, 26-12-1930), o grande poeta de *Apoteoses*, *Gênese*, *Lâmpada Velada* e *Fonte da Mata*, já tendo colocado a sua luz sobre o velador, tem, hoje — lavrador rude e bisonho —, a sementeira luminosa e rara: "jorre em minhalma a luz da perfeição".

Outros poetas, reunidos no volume, alguns a partir da 2ª edição do *Parnaso*: Albérico Lobo (Rio de Janeiro, 1865—1942), "Do meu porto"; Alberto de Oliveira (Palmital de Saquarema, Rio de Janeiro, 28-4-1859—Petrópolis, Rio de Janeiro, 19-1-1937), o grande parnasiano, com "Jesus", "Ajuda e passa", "Do último dia"; Alfredo Nora (Piraí, Rio de Janeiro, 18-11-1881—13-11-1948), com sua "Carta ligeira"; Alma Eros (?), de "O cálice", "O irmão"; Amadeu Amaral (que só assinou Amadeu), explicando-nos "O mistério da morte", que é o mistério da vida — porta dourada de um mundo que entre nós é a luz desconhecida; Amaral Ornellas (Rio de Janeiro, 20-10-1885—5-1-1923), muito conhecido dos espíritas, talento brilhante, autor de peças teatrais, e que compareceu no livro com "Ave Maria" e "O Tempo"; Antônio Torres (Diamantina, Minas Gerais, 1885—Hamburgo, Alemanha, 1934) — "Esquife do sonho" e "Nada..."; Cornélio Bastos (S. Paulo, 26-9-1844—Campos, Rio de Janeiro, 31-1-1909) — "Não temas"; Edmundo Xavier de Barros (Goiás, 1861—antigo Distrito Federal, 17-1-1905) — "Vida" e "Diante da Terra"; Ignácio José de Alvarenga Peixoto (Rio de Janeiro, 1744—Angola, 1º-1-1793) — "Redivivo"; Jesus Gonçalves (Borebi, S. Paulo, 12-7-1902—Asilo Colônia de Pirapitingui, 16-2-1947), que recebeu a felicidade, depois de vestir o "burel de sânie e chagas", a Dor, que abençoa, a Dor piedosa e justa, o "Anjo da redenção"; ainda: João de Deus (São Bartolomeu de Messines, Algarve, Portugal, 8-3-1830—Lisboa, 11-1-1896), de *Campo de Flores*, de *Odes e Canções*, poeta da ternura portuguesa, a repetir-nos suas orações ao Senhor: "Todo o esplendor, a eterna luz, do eterno amor do bom Jesus", João de Deus de poesias delicadas como "As lágrimas", "O Céu", "Morrer", "O mau discípulo", "Na estrada de Damasco", "Angústia materna", "Lamentos do órfão", "Oração", "Além", "Lembrai a chama", "Eterna mensagem" e outros; José do Patrocínio (Campos, Rio de Janeiro, 9-10-1853—29-1-1905) quis uma "Nova Abolição", que a escravidão implacável e crua prossegue, não mais a senzala hostil, a incompreensão do amor; José Duro (Portugal, 1875—1899), considerado, na Terra, o "Cantor da Tristeza", autor do livro *Fel*, e que, Espírito, passou a ter outra visão da vida — "vibração ilimitada, infinda, e o seu grande mistério existe em toda parte"; José Silvério Horta (Estância de Monte Alegre, Mariana, Minas Gerais, 20-6-1859—Mariana, 31-3-1933), sacerdote católico, nos faz repetir, em versos puros, a oração do Pai Nosso; Júlio Diniz (Porto, Portugal, 14-11-1839—12-11-1871), outro grande nome da pátria de Luís Vaz de Camões, com "O Esposo da Pobreza" e "Poesia" ("... imaginai/ A Natureza celeste/Longe da Terra sombria,/Na glória do Eterno Dia/Do reino de Nosso Pai"); Juvenal Galeno (Fortaleza, Ceará, 1836—1931), o mesmo da jangada de vela e do cajueiro pequenino, poeta genuinamente popular, que, ainda em vida, abraçara o Espiritismo e colaborou em *Reformador* — com seus "Pobres", "Sextilhas" e "De cá". Outro que foi espírita confesso, grande poeta do Paraná, com sua *Frauta de Outono* — Leôncio Correia: em "Saudade", um dos perenes motivos de sua poesia, fala-nos "da vida renascente depois da névoa estranha, densa e fria"; Lucindo Filho (Minas Gerais, 16-8-1847—Vassouras, Rio de Janeiro, 1º-6-1896), com "Sem sombras"; Luiz Guimarães Júnior (Rio de Janeiro, 17-2-1845—Lisboa, Portugal, 20-5-1897), poeta de *Corimbos* e *Noturnos*, autor de inesquecíveis sonetos como aquele "Visita à casa paterna"; em "Soneto", diz "No limiar das amplidões da Altura/Penetrei, vislumbrando a Imensidade,/Soluçando empolgado de ventura". O Além, evidentemente, o seu "ninho antigo" — virginal abrigo, sempre "Voltando" devido à enorme saudade. E outros, mais outros: Luiz Murat (Rio de Janeiro, 4-5-1861—1929), de *Ondas*, "Além ainda..."; Luiz Pistarini (Resende, Rio de Janeiro, 1877—1918) — "No estranho portal"; Marta, que não quis ou não se pôde identificar, excelente poetisa modernista: "Nunca te isoles", "Unidade", "No Templo da Morte", "Jesus", "Lembra-te do Céu", "Ao pé do altar", "Mãe das mães", tudo ressumbrando misticismo; Múcio Teixeira (Rio Grande do Sul, 1858—1926) — "Honra ao trabalho"; Olavo Bilac (Rio de Janeiro, 16-12-1865—18-12-1918), o poeta de *Via-Láctea* e *Tarde*, já desligado do seu sensualismo, ele que se acreditou ter sido "numa vida anterior, um xeque macilento e pobre", Bilac mais interessado nos temas evangélicos — "Jesus ou Barrabás?", "No Horto", "O beijo de Judas", "A crucificação", "Ressurreição"; dele esta confissão: "Por tanto tempo andei faminto e errante,/Que os prazeres da vida converti-os/Em poemas das formas, em sombrios/Pesadelos da carne palpitante"; Pedro de Alcântara, que foi o último Imperador do Brasil, vem incluído no *Parnaso* com nove sonetos, todos de saudade e de grande amor pelo Brasil: "Meu Brasil", "No exílio", "Rogativa", "Soneto", "Página de gratidão", "Oração ao Cruzeiro", "Bandeira do Brasil", "Brasil do Bem", "Brasil"; Raimundo Correia (13 de maio de 1859, a bordo do vapor *S. Luiz*, na baía de Mangunça, litoral do Maranhão—Paris, 13 de setembro de 1911), o poeta-filósofo do "Mal Secreto", com dois sonetos de sentido filosófico, afirmando que "tudo passa no mundo", o homem passa e, por fim: "Longe, porém, das ilusões desfeitas,/Mostra-lhe a morte vidas mais perfeitas,/Depois do pesadelo das mãos frias..."; Raul de Leoni (Petrópolis, Rio de Janeiro, 30-10-1895—Itaipava, 21-11-1926), de *Ode a um Poeta Morto* (ou Olavo Bilac) e *Luz Mediterrânea*, também um filósofo, dono de uma poesia de pensamento, em "Luta", "Na Terra", "Nós...", "Post mortem" e outros; viu que a luta continua e que o Amor é a gloriosa síntese de tudo.

Por último, mais quatro poetas admiráveis. Rodrigues de Abreu, de *Noturnos*, *Casa Destelhada* e *Sala dos Passos Perdidos*; Souza Caldas, Um Desconhecido e Valado Rosas. Rodrigues de Abreu (Capivari, São Paulo, 17-9-1899—Campos do Jordão, São Paulo, 24-11-1927), teve conhecimento do Espiritismo, já muito doente, e, num dos seus poemas mais apreciados, declara ser médium vidente e, noutro, em meio às dores de tuberculoso, alegrava-se com a presença do Espírito da mãe — doce enfermeira do outro mundo. No *Parnaso*, é ele mesmo nos seus versos largos, "Vi-te, Senhor!" ("Falaste-me com a Tua linguagem do Sermão da Montanha,/Multiplicaste o pão das minhas alegrias/E abriste-me o Céu, que a Terra fechara dentro de minhalma...") e "No Castelo encantado", sempre com acendrado misticismo, de quem foi assinalado: "Sinto que Te compreendo, meu Senhor,/ E abençôo contente/As mágoas que me deste antigamente..."); Souza Caldas (Rio de Janeiro, 1762—1814) — poeta dos Salmos, o 12 e o 18, com seu "Ato de contrição"; Um Desconhecido — veio "Meditando": ("Eu fui daquelas almas que viveram/Sem conhecer da Terra os paraísos") e dele são outros dois poemas, no seu modo pessoal de dizer: "O nobre castelão" e "Nesga de Céu". O último poeta, da coletânea organizada na ordem alfabética, é Valado Rosas (Viana do Castelo, Portugal, 1871—Caratinga, Minas Gerais, 19-1-1930). Foi conhecido espírita, doutrinador, polemista; seu nome de batismo — Lázaro Fernandes Leite do Val. O espírita Valado Rosas escreveu "Aos meus irmãos" e "Na paz do Além"; seus conselhos, oportunos:

"Vós, que ficastes no mundo ingrato,
De quem me lembro na luz do Além,
Lede o roteiro dos Evangelhos...
E a paz na morte tereis também."

**("Aos meus irmãos")**

"E a Morte trouxe-me a liberdade,
A piedade, o amparo e a luz!
Feliz quem pode na dor terrestre
Seguir o Mestre com sua cruz."

**("Na paz do Além")**

## II — O MÉDIUM FRANCISCO CÂNDIDO XAVIER

Já existem vários livros sobre Chico Xavier, além de artigos sem conta nos jornais, entrevistas, reportagens, referências. Impossível, hoje, ler tudo. Desde que se viu alvo da curiosidade dos homens de letras do nosso país, por causa dos poetas do Além, há quem escreva sobre ele, contra ou a favor.

Alguns volumes foram por nós consultados, quando nos decidimos, também, a dizer algo sobre o cinqüentenário do livro diferente. Não podíamos, aliás, ficar alheios a esse evento, a essa obra magnífica que vai vencendo o tempo, cada vez mais rica e mais bela. A poesia do Espaço é eloqüente prova da sobrevivência do ser após o fenômeno que se chama, erroneamente, *morte*.

Os autores que trataram do médium que empolgou gerações, e sempre empolga: Clóvis Tavares — *Trinta Anos com Chico Xavier*, São Paulo, 1967; Roque Jacintho — *Chico Xavier: 40 anos no mundo da mediunidade*, São Paulo, 1967; Elias Barbosa — *No mundo de Chico Xavier*, São Paulo, 1968; R. A. Ranieri — *O Santo dos nossos dias*, Rio de Janeiro, 1970; ainda Elias Barbosa — *Presença de Chico Xavier*, São Paulo, 1970; ainda Ranieri — *Chico Xavier e os grandes gênios*, São Paulo, 1973; Ramiro Gama — *Lindos Casos de Chico Xavier*, São

Paulo, 1973, e *Chico Xavier na intimidade*, São Paulo, 1974.

Antes de entrarmos nos "bastidores do Parnaso". prestando, assim, nossa humilde contribuição ao estudo do problema F.C.X., ou melhor, do livro que marcou época, transcrevemos para estas páginas alguma coisa do que andaram dizendo os entendidos, desde as *lembranças mais antigas* de Clóvis Tavares sobre o médium e sua mediunidade.

Clóvis Tavares — "Francisco Cândido Xavier nunca atribuiu a si mesmo qualidades de missionário, nem jamais se julgou detentor de poderes especiais ou virtudes sobre-humanas. Em trinta anos de convivência fraternal, que se completaram em 1966, devo afirmar, não para glorificá-lo (pois ele, realmente humilde, sempre dispensou louvações do mundo), mas em testemunho da verdade espírita que nosso Chico sempre considerou as faculdades que inegavelmente possui como aqueles "*talentos*" da parábola evangélica, que ele deveria multiplicar, no serviço do bem e em favor do próximo, na posição de servidor consciente e vigilante. Nunca lhe saiu da mente e do coração o conceito de que sua mediunidade é "*depósito sagrado*" pelo qual responderá um dia: "*o reino dos céus pode comparar-se a um certo rei que quis fazer contas com os seus servos*" (Mateus, 18:23).

Esse sentido de sacralidade de suas faculdades psíquicas é uma constante em toda a sua vida. Essa consciência cristã do mediumato, entretanto, nunca se tingiu da mais apagada coloração de orgulho espiritual. Chico tem permanecido sempre humilde e simples. Considera-se tão-somente instrumento do Mundo Espiritual para objetivos que ele sabe e sente que são nobres e humanitários. Muitas e muitas vezes, nas mais íntimas confidências em Pedro Leopoldo, no Rio de Janeiro, em Campos, em Belo Horizonte, em Uberaba, em Atafona, pude sentir, mais por atos seus que por palavras, que encontrara alguém que se despersonalizara, que se negara a si mesmo, consoante a recomendação do Cristo.

Chico sempre me deu a impressão de uma vela que ardia, alumiando a todos e se consumindo a si mesma, em sublime oferenda de amor e sacrifício. Ele mesmo, todavia, não percebe isso, nem dá tento dessa verdadeira e contínua imolação, a lembrar o belo verso de Walt Whitman: "Quando dou, dou-me a mim mesmo."

Consciente de sua mordomia espiritual, nosso Chico Xavier não só sempre fugiu de qualquer projeção pessoal, senão sempre a detestou. Em seu espírito, convicto da responsabilidade da tarefa que lhe foi cometida, nunca houve lugar para ânsias de "estrelismo", fenômeno não raro no ambiente das naturais lideranças no campo doutrinário. Chico salientou sempre sua simples condição de "mourão de cerca", solidário com todos os outros esteios, unidos pelos arames da fraternidade cristã, em defesa da Fazenda de Deus. Imagem singela e comovente de Emmanuel, sempre foi essa metáfora a inspiradora imagem da sua humildade, o símbolo da autenticidade do seu mediumato, ao mesmo tempo que indicava aos seus amigos, aos companheiros da Doutrina, aos responsáveis pelas instituições espíritas, a necessidade de comunhão fraternal entre todos, embora as distâncias, apenas espaciais, separassem" (*Trinta Anos com Chico Xavier*, pp. 8 e 10).

Elias Barbosa (explicando o *porquê* do seu livro, que saiu numa edição Calvário) — "Rezam as tradições que Moisés peregrinou durante quarenta anos, através do deserto, orientando o povo israelita para a libertação do cativeiro do Egito.

Admiramo-nos dessa pertinácia e muitos estudiosos existem que relegam o feito para o domínio das narrativas lendárias.

Com Chico Xavier, porém, temos uma criatura que há precisamente oito lustros iniciou longa excursão no terreno do intercâmbio com o Mundo Espiritual. Não será isso um fato digno de menção? Como terá vivido nesses quatro decênios de trabalho ininterrupto? Que teria sentido, visto, ouvido? que experiências acumulou?

que opiniões formula hoje do seu longo contato com a Espiritualidade? que notícias nos dá de suas próprias impressões na psicografia dos livros que são lidos por milhares e milhares de pessoas espíritas e não espíritas? como se sente no avançado marco de tempo, na sua viagem medianímica? que diz para os iniciantes da mesma estrada? se apenas alcançou nesta reencarnação os rudimentos da escola primária, recebeu dos amigos desencarnados instruções subseqüentes, à feição de cursos supletivos?

Não somos daqueles que encontram nos médiuns pessoas diferentes da Humanidade, portadores de milagres e carismas e conquanto estimemos em Chico Xavier um excelente amigo, sabemo-lo alma humana, com as qualidades felizes ou menos felizes que nos caracterizam a todos, os filhos da Terra. Mas justamente por aceitá-lo assim, qual se mostra na simplicidade e sinceridade de suas próprias declarações, é que voltamos ao nosso inquérito. Por que outras criaturas, com as mesmas características de Humanidade, entre as lutas e as vicissitudes inerentes à nossa vida planetária não fazem o mesmo, recolhendo-se à mediunidade para servir e auxiliar aos irmãos do caminho?

E se Chico Xavier fosse alguém com virtudes particulares e excepcionais — conquanto lhe respeitemos as qualidades de amigo, para quem se volta a nossa estima sincera —, que vantagem haveria em servir de instrumento dos Espíritos Benfeitores, em meio de nós outros, homens igualmente carregados pelos empeços morais, que nos assinalam as experiências terrestres? por que todos os médiuns que se iniciam no trabalho espiritual não persistem através do tempo, reconhecido o fato de que muitos esmorecem no ardor doutrinário, quando as responsabilidades da obra começam a lhes pesar mais intensamente nos ombros? Se o próprio Xavier não se afirma obreiro de virtudes especiais, por que se mantém leal à Espiritualidade, há quarenta anos sucessivos, de vez que também não se sente credor de auxílios especiais? Há quem diga que Chico possui cultura vastíssima, mas sabemos que ele se empregou aos doze anos de idade em 1921 e trabalhou sem pausa, no setor profissional, até 1961, quando se aposentou, na condição de Escriturário do Ministério da Agricultura; não ignoramos ainda que Xavier é portador de grave moléstia ocular que perdura há mais de trinta anos; com o trabalho intenso da vida material e com os cuidados incessantes na preservação da possível saúde orgânica, não tem tido tempo e recursos físicos nos últimos quarenta anos para ser um devorador de livros; mas, concedendo-lhe, ainda, elevada posição entre os autodidatas, uma pergunta nos surge imperiosa, espontânea... Se foi o estudo o responsável por mais de noventa (hoje 201) volumes, todos eles respeitáveis, na vida de Xavier, por que razão, nós outros, os que estamos premiados pelos títulos acadêmicos, e que, por força da profissão, estamos intimados ao convívio incessante com os livros, não produzimos bagagem literária do mesmo teor? Se as obras trazidas ao mundo pelas mãos de Xavier são fruto de osmose imaginária da cultura com a inteligência, como não exigir das pessoas cultas que façam o mesmo? Por outro lado, dispondo de elementos tão vastos para senhorear o campo das letras, com inequívocas possibilidades de extrair dele os mais ricos filões da fortuna material, por que permaneceria Xavier na mesma vida simples, sem aceitar quaisquer proventos dos livros de que é, aliás, co-autor, na condição de médium, quando poderia faturar milhares de cruzeiros, anualmente, por direitos autorais?" (*No mundo de Chico Xavier*, outubro de 1967.)

Ainda Elias Barbosa, em *Presença de Chico Xavier* — "De muita gente se ouve que as faculdades mediúnicas de Chico Xavier são instrumentos exclusivos de cientistas e escritores, literatos e poetas desencarnados que voltam à Terra para entendimento com seus irmãos de louros acadêmicos. E, efetivamente, uma preleção de Emmanuel, uma página reveladora de André Luiz, um poema de Augusto dos Anjos, um conceito de Albino Teixeira ou um apólogo do Irmão X dão que pensar, esbarrondando os muros da cegueira de espírito e abrindo novos horizontes à convicção na sobrevivência.

É o estilo, a temática, a inconfundibilidade, o conteúdo filosófico enunciando a presença de homens sobejamente conhecidos e cerebrações que não morreram...

Não faltam, na arena da crítica, os que vejam em tudo isso a arte de Paul Renoux e não mediunidade ativa e estuante, embora o médium permaneça no campo do serviço ao próximo, há mais de quarenta anos consecutivos.

Necessário considerar, no entanto, que Xavier não é apenas o medianeiro de personalidades famosas, no tope de nossas letras. É igualmente o veículo de amigos desencarnados, muitas vezes, tão-só conhecidos daqueles que os amaram nos recessos do lar, a surgirem de inesperado, através de reuniões íntimas e públicas, dando provas inequívocas da imortalidade.

São pais e mães, filhos e amigos que retornam do Mais Além, para sofrearem o desespero dos entes queridos que ficaram no mundo, a lavar-lhes a lousa com as próprias lágrimas... Espíritos familiares que se comunicam, sem outros lauréis que não sejam aqueles que lhe repontam dos corações redivivos em cânticos de esperança e ternura, restaurando a fé e operando a renovação de criaturas atropeladas pelo carro inflexível da morte... E todos eles, a uma só voz, gritam que a vida continua, que o sepulcro não é o fim, que a Justiça nos preside os destinos, na Terra e Além da Terra, que o amor nunca morre..." (Pp. 1 e 2, em "No limiar".)

Outros depoimentos, que merecem registrados:

O do Dr. Melo Teixeira, catedrático de Psiquiatria da Universidade de Belo Horizonte, citado por Clóvis Tavares, em *Trinta Anos...*, à p. 3. O respeitado mestre de Medicina, procurado, por um repórter, após uma sessão com Chico Xavier, a que ambos assistiram, lá pelo ano de 1935, deu suas impressões:

— "Não se pode negar: estamos diante de um fenômeno lídimo, visto, presenciado. Haverá, naturalmente, os que acusam esse rapaz de fabricar pastichos. É uma hipótese para observador distante e superficial, nunca, porém, para os que presenciem e se inteirem, como o fizemos hoje, do fenômeno. Assim, sentimo-nos diante de uma força ultranormal. Dadas as variedades de estilos e cultura e as circunstâncias em que vimos o "médium" grafar os trabalhos, e considerada ainda a sua pouca instrução, sente-se que não há possibilidade de elaboração individual, no caso."

Do depoimento de Ismael Gomes Braga — pequena biografia publicada em Esperanto e japonês (na revista *Oomoto*, de Kameoka, Kioto-hu, em 1963 —, página divulgada no *Reformador*, também de 1963, páginas 243-244. Sobre Francisco Cândido Xavier, nascido em 2 de abril de 1910, em Pedro Leopoldo, Minas Gerais, há este trecho:

"Sua mediunidade manifestou-se, quando ele estava com quatro anos de idade, pela clariaudiência e clarividência, pois que ele via e ouvia os Espíritos e conversava com eles sem a mínima suspeita de que não fossem homens normais do nosso mundo.

O pai então o supôs louco, porque ele conversava inteiramente sozinho, na aparência, e mostrava pessoas invisíveis para todos os outros.

Quando tinha 17 anos, fundou-se o grupinho espírita "Luís Gonzaga", em Pedro Leopoldo, e então se lhe desenvolveu rapidamente a psicografia, isto é, a faculdade de escrever mensagens espíritas. Como psicógrafo começou logo a receber poemas notáveis de famosos poetas mortos, num nível literário algumas vezes mais alto do que ele próprio e os outros componentes do seu grupinho podiam compreender. Uma coleção desses poemas formou o célebre livro *Parnaso de Além-Túmulo*, editado em 1932, quando o médium era um jovem inculto de 21 anos de idade.

Esse livro, com poemas de 56 poetas mortos, abalou profundamente as convicções materialistas dos literatos do País todo, porque o estilo de cada poeta revelava claramente sua identidade, e todos os literatos sabiam que em Pedro Leopoldo não existia biblioteca alguma para consulta nem pessoas cultas que conhecessem todos aqueles estilos para imitá-los tão perfeitamente. O livro já foi reimpresso sete vezes (hoje, dez), em grandes tiragens. É um volume de 420 páginas (hoje, 510*) que tem conquistado muitos eruditos para o estudo do Espiritismo.

Logo depois do *Parnaso de Além-Túmulo*, o médium recebeu volumosos romances históricos muito belos e fiéis. Essa série de romances históricos, escritos em uma cidadezinha inculta, pela mão de um jovem sem nenhuma cultura histórica, despertou grande interesse em pessoas eruditas que se lançaram ao estudo do Espiritismo, tentando compreender aquele mistério. Muitos jornalistas de cidades grandes estiveram em Pedro Leopoldo a fim de pesquisarem lá a solução do mistério.

Outros poetas mortos, por intermédio dele, escreveram outros livros que foram depois aparecendo. Até agora, escreve ele sem cessar. Setenta livros (hoje, 201) já foram editados, muitos dos quais tiveram diversas e grandes edições (. . .)."

Mas há um depoimento, ou melhor, reportagem, que nos chamou mais a atenção. Como que complementa todas as informações já transmitidas aos leitores, por homens de indiscutível saber e capacidade, intelectuais espíritas, conhecedores, na intimidade, do médium hoje consagrado até nos meios não espíritas. O autor, o conhecidíssimo jornalista, escritor e poeta, professor, polemista e filósofo J. Herculano Pires, de São Paulo, já desencarnado.

Procurou mostrar Chico Xavier à luz da parapsicologia, mas, espírita de grande projeção no meio cultural,

(*) No formato 17,8 cm x 26,4 cm, não mais no 13 cm x 17,5 cm.

com vários livros publicados, muito apreciados, externou, a certa altura, a respeito do *Parnaso*, opinião que precisa ser revista, analisada, esclarecida devidamente.

Esta, uma das razões deste livro que não tem pretensões literárias, mas só de servir à justiça e à verdade.

A reportagem, interessante, é condenável, apenas, na parte em que o repórter opina, precipitadamente, sobre assunto que não conhecia nos seus meandros, como veremos.

Nossos comentários:

— A revista *Planeta*, da Editora Três, no seu nº 10, de junho de 1973, entre outras reportagens sensacionalistas, publicou uma de J. Herculano Pires, com o título "Chico Xavier, o homem futuro". Na capa, uma foto do médium mineiro, concentrado, psicografando — Chico incluído entre os *Personagens extraordinários*.

Revista que trata de parapsicologia, espiritualismo, ciências ocultas, teosofia, magia e outros assuntos palpitantes, no número que temos em mão, traz casos malditos — sangue no vestido da noiva, mãe que voltou para salvar (onde o maldito?) o filho que não sabia que o amor materno pode sobreviver à própria morte do corpo, e, mais: o deus chifrudo que ressurge na Inglaterra; a crise das religiões; o esoterismo do Pai Nosso; a ceia dos mortos; o problema da superpopulação; os outros Dez Mandamentos, etc. O *rock* — o grito e o mito, contestação política, escapismo, sexo (e música), que já foi drogas — é mostrado em toda a sua evolução, de 1950 a 1973. Alguns livros são recomendados, entre outros: *O Tratado das Ciências Ocultas*, de Papus, que foi o líder da atividade oculta de Paris, e *O Exorcista*: os demônios estão soltos... Na *crise das religiões*, *Planeta*, ou melhor dizendo, Pierre Eberhart, viu que o budismo e o hinduísmo encontram-se em regresso e os islamitas se defrontam com graves problemas internos, e o confronto com o mundo apenas começou; o cristianismo, para ele, perde terreno. E pergunta: "O que se passa com os homens e as igrejas?" José Maria Doménech reparou mais longe, e também pergunta: "O homem vai sobreviver ao terceiro milênio?" Os cientistas estão amedrontados, diante de uma humanidade gigantesca num planeta esgotado, poluído e superpovoado. Acha que, como está, o homem caminha para o suicídio coletivo.

E aí entra Chico Xavier, o homem futuro. Para o poeta de *Argila* e *Murais*, autor também de romances bem aceitos pela crítica e ensaios sobre filosofia e educação, Chico Xavier não é anormal nem lida com o sobrenatural; com quarenta anos de mediunidade (agora mais de cinqüenta), não houve nenhuma explicação concreta para o seu caso, num tempo em que as ciências procuram esclarecer os fenômenos mais espantosos; que jornais, revistas e livros falam dele, mas estão repletos de dúvidas, suspeitas e ironias. Todos eles? Há autores que, muito ao contrário, exaltam ou defendem o médium, e um até, Ranieri, como já vimos, apontou-o como o santo dos nossos dias.

J. Herculano Pires, que chamou a atenção dos leitores de *Planeta* para a espantosa obra psicografada de Chico Xavier, então 117 volumes, algumas traduzidas para o inglês, francês, espanhol, grego, japonês e Esperanto, disse que, apesar de tudo, *o fenômeno Chico Xavier é, ainda, um enigma*. Jornais e revistas de todo o Brasil, desde o aparecimento do *Parnaso de Além-Túmulo*, divulgam, constantemente, entrevistas com o médium, lembrando, também, as entrevistas de rádio e televisão, efetuadas pelo programa "Pinga-fogo", do Canal 4, em São Paulo, em 1971, e que teve a mais longa permanência no ar, e a maior repercussão, e outra, no mesmo programa, de duração maior. Chico, líder espiritual mais famoso do país, homenageado, solenemente, pelas Assembléias Legislativas e Câmaras Municipais de todo o país, cidadão honorário de várias cidades. Em 1980, era lançado candidato ao Prêmio Nobel da Paz para 1981.

Citando Giambattista Vico, em sua teoria das idades ou fases históricas da Humanidade, o Prof. Denizard Rivail (Allan Kardec) e sua *Revue Spirite* — Jornal de Estudos Psicológicos — e, por último, o Prof. Joseph Banks Rhine, que estudou o *homem-psi* de percepção extra-sensorial, afirmando que, no futuro, os homens serão telepatas e clarividentes, pôde, Herculano, explicar assim Francisco Cândido Xavier: "... o avanço atual das ciências já permite uma explicação científica do caso. O desenvolvimento da parapsicologia e as últimas conquistas da física nuclear forneceram elementos suficientes para análise objetiva dos chamados *fenômenos paranormais*. Chico Xavier se enquadra na moderna classificação de *sujeito paranormal*. É um *sensitivo* ou *médium*, um homem que se abre em dimensões psíquicas fora do comum, capaz de percepções extra-sensoriais ou extra-somáticas, e capaz também de atividades telecinéticas, de ação a distância, ou seja, de produzir efeitos materiais sem contacto dos seus órgãos corporais." E acrescentou: "Não apresentamos aqui uma reportagem sobre Chico Xavier. *Damos as respostas que há quarenta anos o público, a imprensa, o rádio e a televisão estão reclamando* (os grifos são nossos). Vamos mostrar que Chico Xavier é um *homem-psi*, um novo tipo de homem que se está desenvolvendo em nosso tempo, mas que tem as mais profundas raízes históricas." E deu uma definição do *homem-psi* e, como exemplo, Chico Xavier (com a família ou com o povo, o mesmo carinho), ocupando-se, no seu longo artigo, da psicografia e automatismo, dos fenômenos objetivos e subjetivos, do mecanismo do paranormal, submetido o médium a exame de psiquiatras paulistanos, que chegaram à conclusão de que ele não é um epiléptico e que o eletroencefalograma mostra o momento exato em que uma entidade comunicante interfere no cérebro do receptor.

Procurou, o autor de *Tempo das magnólias*, dar as respostas que o público esperava, toda gente esperava. Chico Xavier — um novo tipo de homem que se está desenvolvendo no mundo. Explicou que todos os fenômenos ocorrem com o médium, os fenômenos *psigama*

— clarividência, telepatia, precognição, memória extra-cerebral, retrocognição, fenômenos *theta*, e os fenômenos *psicapa* — psicocinesia, telecinesia, pirovassia, projeção do eu, fenômenos *theta*, ainda. E declarou: "Por isso mesmo, pela amplitude da fenomenologia que o caracteriza como *sujeito paranormal*, Chico Xavier se apresenta como protótipo do homem do futuro, ou seja, do *homem-psi* que nele se define às portas da era cósmica." Não é um caso único, mas o tomou como exemplo desse novo tipo que se desenvolve atualmente em todo o mundo.

Que tem a ver tudo isso — alguém perguntará — com o *Parnaso de Além-Túmulo*? Muito. A reportagem de J. Herculano Pires foi que nos fez querer escrever algo sobre os 50 anos do livro inicial de Chico Xavier. É que nossa atenção foi despertada para o seguinte trecho:

— "O saudoso Osório Borba escrevia um livro contra Chico Xavier. O autor de *A Comédia Literária* desejava provar que Chico não passava de um pasticheiro. Encontrou-se comigo e Cid Franco em Belo Horizonte. Íamos a Pedro Leopoldo, visitar o médium. Osório não nos revelou o que estava fazendo, mas pediu para acompanhar-nos. Quando voltamos para Belo Horizonte e fomos a um bar, Osório se abriu: "Vou provar que o Chico é um pasticheiro, seja consciente ou inconsciente. Ele me impressionou bem, mas tenho de provar isso. Meu livro está quase pronto." Discutimos a respeito e entre os vários casos que vieram à baila citei-lhe Augusto dos Anjos. Osório, para meu assombro, me disse: "Está aí um ponto curioso. Chico o pastichou bem, mas cometeu em *Parnaso de Além-Túmulo* um engano imperdoável: atribuiu a Antero de Quental o soneto "Número infinito", que pastichou para Augusto." Protestei e mostrei-lhe que esse soneto era uma réplica admirável do próprio Augusto dos Anjos ao soneto "Último Número", que ele tinha escrito em vida. Osório enfureceu-se, protestou, agitou o bar. Prometeu que chegando ao Rio verificaria isso e me escreveria. Nunca me escreveu a respeito e nunca, também, publicou o livro contra Chico."

E, adiante, na parte que trata do encontro que teve com Chico Xavier:

— "Lembro-me disso face a face com o Chico e lhe pergunto: "Por que foi que esse maravilhoso soneto de Augusto dos Anjos, verdadeira ficha de identidade do poeta, não figurou na nona edição do *Parnaso*, comemorativa do 40º ano de sua publicação?" Chico baixou os olhos e respondeu: "Não sei. Desde a quinta edição do *Parnaso* que eles tiraram esse soneto." *Eles* são os seus editores da FEB, a cujo departamento editorial Chico cedeu gratuitamente uns oitenta livros. Nem sequer para a sua obra psicografada este homem que deu sua vida ao trabalho mediúnico pode exigir o respeito que ela merece. Soubemos depois de outras alterações nesse e em outros livros. Mas Chico Xavier não reclama porque sua missão é unir e não dividir."

Alterações no *Parnaso de Além-Túmulo*! Feitas por quem? Pelos autores espirituais? Por alguém da Federação Espírita, seu então Presidente, Dr. Wantuil de Freitas? Não teria tido o médium conhecimento das modificações havidas nos poemas e sonetos que compõem o *Parnaso*? Realmente o "Número infinito", de Augusto dos Anjos, foi excluído do livro. Outros sonetos também foram retirados. Por quem? Houve consentimento do guia espiritual do Chico Xavier? O médium, como afirmou, alto e bom som, Herculano Pires, lhe dissera: "Desde a 5ª edição eles retiraram esse soneto." *Eles*, quem? O articulista, sem pestanejar, declarou: "Eles são os seus editores da FEB." Porque sempre dói uma injustiça, trataremos, adiante, do caso. Por uma nímia gentileza do atual Presidente da Casa de Ismael, Francisco Thiesen, tivemos em mãos os filmes das páginas da 5ª edição do *Parnaso*, com as emendas efetuadas, já que o volume corrigido se encontra muito bem guardado no arquivo da chamada Casa-Máter do Espiritismo no Brasil.

Talento invulgar, intelectual de renome, conhecido mesmo fora do meio espírita, o que fora professor na Faculdade de Filosofia de Araraquara, São Paulo, jornalista do *Diário de São Paulo*, com ligeira participação na política nacional, Subchefe da Casa Civil da Presidência da República, no Governo do Dr. Jânio Quadros, não procurou, como podia ter feito, colher maiores informações sobre o acontecido, e logo achou que *eles* seriam os diretores da FEB.

Mas voltemos, por enquanto, a Francisco Cândido Xavier, o médium. Eis, na íntegra, o perfil que dele fez Herculano, em "Face a face com Chico Xavier":

— "Estamos em Uberaba, face a face com Chico Xavier. Nada encontramos de impressionante, de surpreendente. Temos pela frente um homem aparentemente comum, vestido com simplicidade, de corpo e estatura medianos, doente dos olhos, o que o impede de realizar leituras e estudos que lhe atribuem os que não o conhecem. Chico fala com naturalidade e fluência. Antônio Zago comenta esse fato e o médium sorri, lembrando-nos seus tempos de menino, de adolescente, de jovem, quando gostava de aplicar nas conversas palavras estranhas que ouvia dos outros, achava bonitas mas não sabia o que significavam. "Foi então — diz ele — que Emmanuel começou a me chamar a atenção e corrigir-me."

Para quem não conhece a vida real desse homem, a miséria que enfrentou desde criança, a doença da vista que o perseguiu sem cessar, isso poderia parecer desculpa, encenação. Mas a verdade brota espontânea do seu falar mineiro, de sua gesticulação natural. Perguntamos se a percepção dos Espíritos ao seu redor, o contacto permanente com o *mundo dos mortos* não o perturbam. "No princípio — responde ele — eu pensava que era visitado ocasionalmente pelos Espíritos e me sentia até incomodado. Com o tempo fui compreendendo que aquilo fazia parte de minha vida."

Ainda:

— "Os repórteres sempre o enfrentaram com desconfiança. Cada reportagem sobre as suas atividades e cada entrevista com ele estão marcadas de suspeitas e ironias. Em Pedro Leopoldo, a cidadezinha em que nasceu e viveu longos anos, trabalhando em serviços pesados para sustentar-se e ajudar a família numerosa, foi vítima de agressões e chantagens. Certa vez o obrigaram a ajoelhar-se num banheiro para fotografá-lo em atitude ridícula. Não obstante, foi nessa época que produziu as obras psicografadas mais significativas. Os Espíritos o assistiam, suprindo a falta de assistência humana."

E registrou a opinião de Chico Xavier sobre o fato de andar sempre mediunizado:

— "Vivemos sempre com o retrato que fazem de nós e com a nossa própria realidade interior. Temos de nos ajustar a uma e a outra. Aceito o mundo e os homens como eles são, e continuo eu mesmo. Só o tempo me deu esse equilíbrio. E isso não é fruto de santidade, como pensam alguns, nem de perfeição, como dizem outros — é fruto de experiência."

Dez anos antes, J. Herculano Pires — que estudou "Farias Brito, um penitente da Filosofia" e "Gorki, memória e ternura" — publicou, também, *Arigó, um caso de fenomenologia paranormal*, traduzido para o inglês, e reeditado, depois, com o título *Arigó: vida, mediunidade e martírio* — dez anos antes, em 1963, lembrou o caso de Chico Xavier, um desafio. Escreveu:

"...outro grande desafio permanece até hoje em suspenso: o caso de Chico Xavier. Desde 1932, quando foi publicado o *Parnaso de Além-Túmulo*, Francisco Cândido Xavier vem desenvolvendo uma atordoante atividade psicográfica. Romances, contos, poesias, ensaios, volumes de interesse histórico, filosófico, científico e religioso, atingindo mais de cem livros foram por ele psicografados, lançados por várias editoras, traduzidos para diversas línguas e vendidos em edições sucessivas. O máximo que se fez, até agora, foi acusar o médium de pasticheiro ou ignorá-lo. A prova máxima de indiferença temos neste fato: quando o Prof. A. da Silva Mello quis combater todas as formas de espiritualidade existentes no país, lançando-se também contra as ocorrências mediúnicas, publicou o vasto volume de *Mistérios e Realidades Deste e do Outro Mundo*, em que Chico Xavier não foi sequer mencionado.

A posição dos nossos homens de ciência é muito cômoda. Alegam que Pierre Janet explicou a existência da escrita automática e que a chamada psicologia profunda revelou a ação do inconsciente nessas produções escritas. A verdade é bem outra. Pierre Janet teve o mérito de iniciar a investigação da escrita automática, mas nem ele, nem a psicologia profunda chegaram a uma solução do problema. Chico Xavier é um desafio, precisamente, a esse ponto morto da investigação científica.

E é só. Quando um *sabichão*, como dizia Charles Richet, é interpelado a respeito do caso num programa de televisão ou num auditório de debates culturais, responde sempre a mesma coisa, com a mesma auto-suficiência de outros *sabichões* de trinta anos atrás, como se a ciência tivesse parado no mundo, semelhante ao sol bíblico que parou no céu por ordem de Josué: *"É escrita automática, pastiche inconsciente."*

E concluiu:

"Não se sabe de nenhuma organização científica do Brasil que houvesse tomado uma atitude científica em face do caso Chico Xavier."

E não houve mesmo.

## III — O "PARNASO DE ALÉM-TÚMULO"

O *Parnaso de Além-Túmulo* não foi, como muitos pensam, o primeiro livro no gênero, nem será o último. Em *Allan Kardec* (Pesquisa Biobibliográfica e Ensaios de Interpretação), vol. III, de Zêus Wantuil e Francisco Thiesen, às páginas 18 e 19, está o registro: "*Estudo acerca da poesia medianímica*, por Allan Kardec. *In* "Ecos poéticos de além-túmulo" — Poesias medianímicas obtidas por Louis Vavasseur, precedidas de um... Paris, Librairie Centrale, 1867, in-12, de XVI-127 pp. (Veja-se *Revue Spirite*, 1867, pp. 30 e 64.)"

Também em Portugal apareceu, no começo do século, obra semelhante, devida à mediunidade psicográfica de Fernando de Lacerda, em 3 volumes, contendo mais prosa que poesia. Um livro que também deu muito o que falar, com várias edições no Brasil, pelo Departamento Editorial da Federação Espírita Brasileira: *Do País da Luz*.

Mas o *Parnaso* foi, até hoje, o livro que mais surpreendeu o público, comoveu os leitores, causou impacto e muito contribuiu para a acolhida da Doutrina Espírita por eminentes homens de letras e cientistas, no Brasil.

Reunimos, a seguir, como fizemos a respeito do homem e do médium Chico Xavier, depoimentos que trazem luz sobre o problema, que dão a medida certa da grandeza do livro elogiado por Agripino Grieco.

Clóvis Tavares, várias vezes citado, assim se manifestou em *Trinta Anos com Chico Xavier*, à página 24:

— "A primeira edição do *Parnaso de Além-Túmulo*, o primeiro livro psicografado por Francisco Cândido Xavier, era um volume de 156 páginas. Prefaciava-o o Vice-Presidente da Federação Espírita Brasileira, o saudoso amigo Manuel Quintão. Uma carta do médium, melodia de humildade evangélica, explicava ao leitor como foram recebidas as poesias e dava notícias de sua chegada ao aprisco do Espiritismo.

Essa primeira edição, publicada pela FEB em 1932, pequenina em comparação com as últimas, era uma primorosa antologia de sessenta produções. Catorze poetas trouxeram sua palavra espiritual, caracterizando-se por seus estilos, guardando cada um a expressão inconfundível, vigorosa, testemunhal, identificadora de sua personalidade.

E que sensibilidade! Que relevo nas imagens, que delicadeza de sentimento, que visão nova da vida!

Por aquelas páginas abençoadas, ricas de pensamento superior, se sucediam "almas em desfile", Augusto dos Anjos, Auta de Souza, Antero de Quental, Bittencourt Sampaio, Casimiro de Abreu, Castro Alves, Casimiro Cunha, Cruz e Souza, Guerra Junqueiro, Júlio Diniz, João de Deus, Pedro de Alcântara, Souza Caldas e um poeta desconhecido...

Eu lia e relia, continuamente, aquelas páginas encantadoras, tesouro de ensinamentos novos. Tudo a confirmar os ensinos, sábios e belos, das obras de Allan Kardec...

Comoveu-me profundamente a descrição sucinta da vida de Chico na sua carta que acompanha o prefácio. Senti, tímida mas vivamente, que elos misteriosos me ligavam àquele moço pobre e humilde..."

E Elias Barbosa, no capítulo I, de *No mundo de Chico Xavier* — "Chico Xavier — psicografia de 1927 a 1931", p. 11:

— "De quando em quando, líamos aqui e ali, anotações de escritores e jornalistas desfavoráveis ao Espiritismo, apresentando o nosso amigo e médium Francisco Cândido Xavier à feição de pastichador, simplesmente porque a imprensa do Brasil e de Portugal lhe lançara o nome — F. Xavier — ao mundo das letras, em algumas páginas de prosa e poesia, entre 1929 e 1931, quando o médium de Emmanuel mal chegava aos vinte anos de idade.

Perguntávamos a nós mesmos a razão de semelhantes acusações quando Chico Xavier, desde a publicação de *Parnaso de Além-Túmulo*, em 1932, nunca mais compareceu nos jornais e revistas da língua portuguesa, na condição de autor de qualquer trabalho literário. Entendendo-se que a produção extensa e preciosa que lhe assinala a bagagem mediúnica perdura, ininterrupta, no largo tempo de sete lustros consecutivos, não seria justo considerar as páginas de sua primeira juventude como ensaios dos poetas desencarnados a lhe exercitarem as faculdades, através da inspiração? Por que as diatribes dos inimigos do Espiritismo contra o médium, nesse sentido, se trinta e cinco anos de ação mediúnica, segura e construtiva, pesam sobre dois de experimentos?

Tais perguntas vagavam em nossa mente, quando *Reformador*, de julho de 1967, nos ofereceu o notável artigo do Prof. Ismael Gomes Braga — "Chico Xavier em 40 anos", explicando como se verificou a publicação das páginas primitivas da psicografia de Chico Xavier."

Também R. A. Ranieri opinou, em *Chico Xavier e os Grandes Gênios*, onde analisa a poesia de Antero de Quental, Antônio Nobre, Cruz e Souza, Cármen Cinira, Fagundes Varela, Augusto dos Anjos, Cornélio Pires, Guerra Junqueiro, Bocage, Olavo Bilac, Casimiro de Abreu, Hermes Fontes, João de Deus, Emílio de Menezes, Raul de Leoni, Pedro de Alcântara, Espíritos que voltaram.

No comentário sobre Antero de Quental, está:

— "O *Parnaso de Além-Túmulo* sempre foi classificado como o primeiro livro de Francisco Cândido Xavier.

Quando foi publicado, em 1932, Chico tinha vinte e dois anos. O livro fora escrito, poema a poema, soneto a soneto, talvez sem o objetivo da parte do Chico de organizar um livro. Depois... foram reunidas as poesias e apareceu o livro.

A importância da página escrita por Chico Xavier, "Palavras minhas", é inegável. Ali, abre o grande médium, praticamente ainda uma criança, porque era moço humilde e pobre de uma cidade do interior, de onde nunca saíra para as lutas das grandes metrópoles, o seu coração e a sua alma."

Ranieri comentou, como dissemos, os poetas "mortos", apreciando-lhes os versos tão autênticos, tão cheios de vida, reveladores do Outro Mundo, da Outra Vida, onde cada um se encontra a si mesmo, sem escapatórias. Alguns tópicos dos seus estudos críticos, que ajudam a entender o livro maravilhoso, de poesia imortal, e que completam nossas singelas notas:

— "Ninguém melhor do que Chico para receber o pensamento espiritual do gênio da poesia portuguesa, Antero de Quental. Em Antero, a dor atingiu o paroxismo. Era a dor do gênio enjaulado que o mundo não compreendia. Na explosão terrível da inteligência fulgurante, acicatado pela dor, dominado por forças espirituais inferiores que o mundo desconhecia, Antero parte pela porta do suicídio." Ainda: "O que se nota de extraordinário é que o estilo é o mesmo, o clima interior do poema ou do soneto, o mesmo, *a marca*, a mesma, tudo idêntico, mas *não há repetição* ou imitação de versos. Possuem a mesma sonoridade e cantam no mesmo tom, mas são absolutamente diferentes. O pensamento, a idéia, *a alma dos poemas* são completa e totalmente diferentes, mas o estilo é igual, o mesmo."

Sobre o poeta de *Só*: Antônio Nobre era um triste. E morreu talvez na tristeza. O seu estro caracterizou-se pela suprema simplicidade. Poeta natural. Cantava como os pássaros agrestes cantam na rusticidade do sertão. Lembra a coleira-do-brejo. Seu canto é às vezes desataviado e as palavras saem-lhe uma após as outras sem grande pretensão." "Vê-se que o estilo é idêntico. Até os mesmos efeitos aparecem nos poemas recebidos pelo Chico. A simplicidade e a ingenuidade de Antônio Nobre ressurgem mediunicamente com grande intensidade e com o mesmo sabor de água fresca que corre da fonte."

Em Cruz e Souza "... há angústia, muita angústia, imenso sofrimento. Não poderia deixar de ser assim. Escravo alforriado, preto mais preto que a asa da graúna. Mal recebido por todos, pois mal saíra da escravidão. Dificilmente, venceria as barreiras do meio em que vivia. Pobre e, como pobre, humilde; mas também gênio, e, como gênio, orgulhoso. Contra ele, o mundo. Contra o mundo inteiro, ele mesmo." E "A exaltação de Cruz e Souza torna a ressurgir. Aquela alma feita de tristeza e de esperança, de sonhos e claridades, de neblina e de sol, olhos voltados para o Infinito, desfere de novo o seu canto, forte, deslumbrante, vigoroso. Canto de Imortalidade e de amor!"

Ainda alguns comentários sobre um poeta destacado do *Parnaso* — Augusto dos Anjos: "Vê-se a identidade de estilo que não só vem da intimidade mesmo do poema, do saber, do colorido, do modo de dizer, mas também da escolha das palavras. É o mesmo poeta que está escrevendo. Não são os mesmos versos, mas o estilo é o mesmo. Nenhum poeta foge à sua maneira pessoal de dizer. Augusto dos Anjos, mais do que ninguém, é inconfundível. As tônicas em seus versos são diferentes de tudo o que já se escreveu em língua portuguesa."

Sobre outros poetas do Além escreveu, preparando um livro interessante de análise da poesia mediúnica no Brasil, como poeta e crítico, livro que recomendamos aos leitores, desejosos de uma maior convivência com o Espiritismo literário.

Também em *O Santo dos nossos dias*, Ranieri se referiu ao *Parnaso*, e fê-lo nestes termos, às páginas 15 e 16:

— "Quando Chico Xavier publicou o *Parnaso de Além-Túmulo* era uma criança — 22 anos apenas.

É natural que o caso produzisse grande sensação nos meios intelectuais de Belo Horizonte, e, em seguida, no Brasil inteiro.

Uma criança, semi-analfabeta, caixeirinho de venda do interior, havia escrito um livro notável no qual retratava ou ressuscitava, com a mais absoluta perfeição, os versos da maioria dos poetas de nossa língua.

Agripino Grieco, o grande Agripino, haveria de identificar-lhe a fidelidade dos estilos e declararia, por escrito, que o Humberto era mais perfeito Humberto, e que Augusto dos Anjos havia renascido com todas as características do *Eu*.

Houve um rebuliço nos meios intelectuais da capital de Minas. O livro foi citado, criticado, comentado. O caixeirinho de Pedro Leopoldo, de repente, pulou para as manchetes dos jornais e o Espiritismo veio à baila, repetido por todas as bocas.

Para os espíritas, o fato novo trouxe numerosas indagações, inclusive a de que aquilo poderia, ou não, ser Espíritos. Para os não espíritas permaneceu o impacto da *incredulidade expectante*. Não podiam acreditar que almas do outro mundo viessem comunicar-se com os homens. A Igreja Católica lhes ensinara isso. Mas o estilo? O estilo gritante, forte, irrespondível?

Como fazer diante daquela cordilheira granítica que se levantava desassombradamente diante de seus olhos?

Os versos cadentes de Castro Alves, a poesia romântica e sentimental de Casimiro, a angústia sonora de Antero de Quental, a simplicidade fascinante de Antônio Nobre, a perfeição métrica de Auta de Souza, e toda aquela gama cromática de ritmos, sons e beleza que desfilavam do lápis mágico do moço Chico Xavier?

Não era fácil recusar e nem era simples aceitar. Aceitá-lo seria aceitar o Espiritismo inteiro. Recusá-lo seria recusar toda a literatura luminosa e ressurgida das cinzas de um passado glorioso.

O menino ingênuo de Pedro Leopoldo passou a receber visitas de toda parte do Brasil. Caravanas organizavam-se por todo o País, e o seu lápis mágico corria sobre o papel compondo páginas literárias, traçando receitas para os doentes, dando esperanças aos corações desvalidos."

Um depoimento importante, sumamente importante, é o do próprio Chico Xavier. Em "Palavras minhas", depois de historiar sua vida humilde — filho de um lar muito pobre, órfão de mãe aos cinco anos, que só cursou a escola primária, pois, ainda menino trabalhava até tarde da noite, para ajudar a família, numa fábrica de tecidos e, depois, no comércio, com salário diminuto, conta-nos sua iniciação no Espiritismo. Com alegria repetimos, aqui, o relato do Chico, na sua simplicidade, Chico que aderira à Nova Revelação ao ver curada, pelos Espíritos, uma sua irmã, que fora acometida de terrível obsessão, sem que a medicina, impotente, concedesse a ela "uma pequenina melhora, sequer". E tudo deveu a José Hermínio Perácio e sua esposa D. Cármen Pena Perácio, "médium dotada de raras faculdades".

No ambiente espiritualizado, onde "imperavam os sentimentos cristãos de dois corações profundamente generosos, como são os daqueles confrades a que me referi — escreveu o médium —, que a minha mãe, que regressara ao Além em 1915, deixando-nos mergulhados em imorredoura saudade, começou a ditar-nos os seus conselhos salutares, por intermédio da esposa do nosso amigo, entrando em pormenores da nossa vida íntima, que essa senhora desconhecia. Até a grafia era absolutamente igual à que a nossa genitora usava, quando na Terra.

Sobre esses fatos e essas provas irrefutáveis solidificamos a nossa fé, que se tornou inabalável. Em breve minha irmã regressava ao nosso lar cheia de saúde e feliz, integrada no conhecimento da luz que deveria daí por diante nortear os nossos passos na vida.

Resolvemos, então, com ingentes sacrifícios, reunir um núcleo de crentes para estudo e difusão da doutrina, e foi nessas reuniões que me desenvolvi como médium escrevente, semimecânico, sentindo-me muito feliz por se me apresentar essa oportunidade de progredir, datando daí o ingresso do meu humilde nome nos jornais espíritas, para onde comecei a escrever sob a inspiração dos bondosos mentores espirituais que nos assistiam."

Noutra parte:

"... prosseguindo em nossas reuniões, constituindo para nós uma fonte de consolações isolarmo-nos das coisas terrenas em nosso recanto de prece, para a comunhão com os nossos desvelados amigos do Além. Continuei recebendo as idéias dos mesmos amigos de sempre, nas reuniões, psicografando-as, e que eram continuamente fragmentos de prosa sobre os Evangelhos. Somente duas vezes recebi comunicações em versos simples.

Em agosto, porém, do corrente ano (1931), apesar de muito a contragosto de minha parte, porque jamais nutri a pretensão de entrar em contacto com essas entidades elevadas, por conhecer as minhas imperfeições, comecei a receber a série de poesias que aqui vão publicadas, assinadas por nomes respeitáveis.

Serão das personalidades que as assinam? — é o que não posso afiançar (1). O que posso afirmar, categoricamente, é que, em consciência, não posso dizer que são minhas, porque não despendi nenhum esforço intelectual ao grafá-las no papel. A sensação que sempre senti, ao escrevê-las, era a de que vigorosa mão impulsionava a minha. Doutras vezes, parecia-me ter em frente um volume imaterial, onde eu as lia e copiava; e, doutras,

(1) Mais tarde, o médium teve oportunidade de lastimar esta expressão de dúvida, cf. carta ao então Presidente da FEB, A. Wantuil de Freitas.

que alguém mas ditava aos ouvidos, experimentando sempre no braço, ao psicografá-las, a sensação de fluidos elétricos que o envolvessem, acontecendo o mesmo com o cérebro, que se me afigurava invadido por incalculável número de vibrações indefiníveis. Certas vezes, esse estado atingia o auge, e o interessante é que parecia-me haver ficado sem o corpo, não sentindo, por momentos, as menores impressões físicas. É o que experimento, fisicamente, quanto ao fenômeno que se produz freqüentemente comigo.

Julgo do meu dever — escreveu ainda — declarar que nunca evoquei quem quer que fosse; essas produções chegaram-me sempre espontaneamente, sem que eu ou meus companheiros de trabalhos as provocássemos e jamais se pronunciou, em particular, o nome de qualquer dos comunicantes, em nossas preces. Passavam-se às vezes mais de dez dias, sem que se produzisse escrito algum, e dia houve em que se receberam mais de três produções literárias de uma só vez. Grande parte delas foram escritas fora das reuniões e tenho tido ocasião de observar que, quanto menor o número de assistentes, melhor o resultado obtido.

Muitas vezes, ao recebermos uma destas páginas, era necessário recorrermos a dicionários, para sabermos os respectivos sinônimos das palavras nela empregadas, porque tanto eu como os meus companheiros as desconhecíamos em nossa ignorância, julgando minha obrigação, frisar aqui também, que, apesar de todo o meu bom desejo, jamais obtive outra coisa, na fenomenologia espírita, a não ser esses escritos."

Aqui, com essa declaração de Chico de que, dentre os fenômenos espíritas, apenas a psicografia conseguira obter, lembramos que, na 4ª edição do *Parnaso*, ele mesmo prestou nova declaração: "Só nos últimos dias de 1931, com a graça de Deus, desenvolveram-se em mim, de maneira clara e mais intensamente, a vidência, a audição e outras faculdades mediúnicas." E a Editora esclareceu, em nota de rodapé, que o médium "pensou em fenomenologia somente como prática consciente da mediunidade nas sessões espíritas", sendo pois Chico médium desde os cinco anos de idade, que via e ouvia Espíritos.

Que beleza o *Parnaso de Além-Túmulo*! Quantas lições maravilhosas transmite! É bem o Compêndio da Vida Eterna, revelador de verdades que consolam, nem sempre ao alcance de todos, conhecimentos que nos levam a admitir, com Jaci Regis, que *o Espiritismo é abertura para o Espírito, em qualquer posição em que este se encontre*, como fez ver no opúsculo *Comportamento Espírita*, saído há pouco.

Não admira, assim, o entusiasmo de Manuel Quintão, no prefácio que escreveu para o livro de Chico Xavier, onde extravasou seu entusiasmo. Procurando, antes de tudo, preparar um documentário sobre o *Parnaso*, achamos de capital importância o depoimento de Quintão, que apadrinhou, com seu apego às letras espíritas, o aparecimento, em livro, do médium de Pedro Leopoldo e, hoje, de Uberaba. Literato, o antigo Presidente da Federação Espírita Brasileira, escreveu com pena de ouro, e o único reparo que poderíamos, agora, apresentar ao seu precioso escrito, seria às referências a um "formigamento parasitário e onímodo dos Constantinos, que, ainda hoje, lhe exploram os feitos e o nome augusto (de Jesus), com bulas políticas de vulpina retórica, factícios pruridos de grosseira mistificação, em bonzolatrias de cimento armado". Dissemos *agora*, porque outrora era isso muito natural, a linguagem de uma época de "sensacionais polêmicas", de lutas pela afirmação de teses que, afinal, se vão impondo no mundo moderno. Quintão explicou o *fenômeno Chico Xavier* muito antes dos parapsicólogos, mesmo espíritas:

"A teoria, tanto quanto a prática espírita, apresenta, aos leigos e inscientes, aspectos e modismos inéditos, imprevistos, bizarros, surpreendentes.

Nos domínios da mediunidade, então, o reservatório de surpresas parece inesgotável e desconcerta, e surpreende até os observadores mais argutos e avisados.

Se fôssemos minudenciar, escarificar o assunto até às mais profundas raízes, poderíamos concluir que o comércio de encarnados e desencarnados, velho quanto o mundo, se indicia mais ou menos latente ou ostensivo, em todos os atos e feitos da Humanidade.

Inspirações, idéias súbitas ou pervicazes, sonhos, premonições e atos havidos por espontâneos e propriamente naturais, radicam muito e mais na influenciação dos Espíritos que nos cercam — por força e derivativo da mesma lei de afinidade incoercível no plano físico, quanto no psíquico — do que a muitos poderia parecer.

E assim como se não desloca nem se precipita, isoladamente, um átomo no concerto sideral dos mundos infinitos, assim também não há pensamento, idéia, sentimento, isolados no conceito consciencial dos seres inteligentes, que atualizam e vivificam o pensamento divino, em ascese indefinida — *semper ascendens...*

É o que fazia dizer a Luísa Michel: "um ser que morre, uma folha que cai, um mundo que desaparece, não são, nas harmonias eternas, mais que um silêncio necessário a um ritmo que não conhecemos ainda".

Mas, não há daí concluir que a criatura humana se reduza à condição de autômato, sem vontade e sem arbítrio, porque nada à revelia da Lei se verifica; e no jogo dessa atuação constante, o ascendente dos desencarnados não vai além das lindes assinadas pela Providência; não ultrapassa, jamais, a capacidade receptiva do percipiente, seja para o bem, seja para o mal."

E escreveu, ainda, Quintão:

"Não é, contudo, desse mediunismo sutil, intrínseco, consubstancial à natureza humana, que importa tratar aqui.

Nem remontaríamos aos filões da História para considerar-lhe a identidade nos tempos da Índia, do Egito, da Grécia, das Gálias e de Roma, em trânsito para a Idade Média, na qual os médiuns eram imolados ao mais estúpido dos fanatismos — o religioso. Hoje, fogueira e potro foram substituídos pela difamação, pelo ridículo alvar, pago em boa espécie monetária, ou ainda pelo cerco caviloso e interditório de quaisquer vantagens sociais.

A luta tornou-se incruenta, mas, nem por isso, menos áspera e porfiosa.

Assoalha-se que a mediunidade é fonte de mercantilismo: entretanto, nenhum grande médium, que o saibamos, chegou a acumular fortuna e rendimentos.

Muitos, ao invés, quais Home, Slade, Eusápia e d'Espérance, morreram paupérrimos e, o que mais é, tendo a panejar-lhes a memória o labéu de charlatães.

Mas, houvesse de fato esse mercantilismo e nunca se justificaria, senão por abusivo e espúrio, de vez que a Doutrina o não autoriza, sequer por hipótese."

Repetindo Eça de Queiroz, Espírito ("Tipos originais, mãos calosas que se entregam aos rudes trabalhos braçais, a fazerem a literatura do além-túmulo; homens a que Tartufo chama bruxos e Esculápio qualifica de basbaques, mistificadores, ou simples casos patológicos a estudar..."), observou:

"Não ignoramos que homens de alta cultura e renome científico têm versado o assunto, investigado, perquirido e proclamado a verdade, acima e além das conveniências e preconceitos políticos, científicos, religiosos. Nomeá-los aqui, seria fastidioso quanto inútil."

Sobre o *Parnaso*, que prefacia — "tarefa nada espartana" —, Manuel Quintão reconhece "prova opima das esmolas de luz que nos chegam em revoada de graças, a encher-nos o coração de alvissareiras esperanças.

Quem quiser certezas maiores, explanações técnicas e eruditas do fenômeno em apreço, que as procure no livro *Do País da Luz*, obra similar, editada há uma vintena de anos, psicografada pelo médium português

Fernando de Lacerda, e que fez, nas rodas profanas de Lisboa, o mais ruidoso sucesso.

Nessa obra, o ilustre Dr. Sousa Couto, em magistral prefácio, esgotou o assunto ao encará-lo sob todos os prismas de uma severa crítica, para concluir pela transcendência do fenômeno, rebelde a todos os métodos de classificação científica e, sem embargo, realíssimo em sua especificidade.

Pois, a nosso ver, maior é o mérito, por mais opulenta a polpa mediúnica, desta obra.

É que lá em *Do País da Luz*, avulta a prosa, com raras exceções; ao passo que aqui desborda o verso, mais original, mais difícil, mais precioso como índice de autenticidade autoral.

Lá, as mensagens características são exclusivas de escritores lusos, únicas que podem, a rigor, identificar pelo estilo os seus autores.

As de Napoleão I, Teresa de Jesus, etc., são incontestavelmente belas no fundo e na forma, mas não características de tais entidades.

Aqui, pelo contrário, não só concorrem poetas brasileiros e portugueses, como retinem cristalinas e contrastantes as mais variadas formas literárias, como a facilitarem de conjunto a identificação de cada um.

Romantismo, Condoreirismo, Parnasianismo, Simbolismo, aí se ostentam em louçanias de sons e de cores, para afirmar não mais subjetiva, mas objetivamente, a sobrevivência dos seus intérpretes.

É ler Casimiro e reviver *Primaveras*; é recitar Castro Alves e sentir *Espumas flutuantes*; é declamar Junqueiro e lembrar a *Morte de D. João*; é frasear Augusto dos Anjos e evocar *Eu*.

Senão, vejamos:

Oh! que clarão dentro dalma.
Constantemente cismando,
O pensamento sonhando
E o coração a cantar,

Na delicada harmonia
Que nascia da beleza,
Do verde da Natureza,
Do verde do lindo mar!
É Casimiro...

Há mistérios peregrinos
No mistério dos destinos
Que nos mandam renascer;
Da luz do Criador nascemos,
Múltiplas vidas vivemos,
Para à mesma luz volver.
É Castro Alves...

Pairava na amplidão estranho resplendor.
A Natureza inteira em lúcida poesia
Repousava, feliz, nas preces da harmonia!...
Era o festim do amor,
No firmamento em luz,
Que celebrava
A grandeza de uma alma que voltava
Ao redil de Jesus.
É Junqueiro...

Descansa, agora, vibrião das ruínas,
Esquece o verme, as carnes, os estrumes.
Retempera-te em meio dos perfumes
Cantando a luz das amplidões divinas.
É Augusto dos Anjos.

E todos, todos os mais, aí estão vivos, ardentes, inconfundíveis na modulação de suas liras encantadas e decantadas.

E na prosa — exceto a de Fernando de Lacerda, cujo estilo não temos elementos para identificar — o mesmo traço de originalidade personalíssima se impõe.

Duvidamos que o mais solerte plumitivo, o mais intelectual dos nossos literatos consiga imitar, sequer, ainda que premeditadamente, esta produção.

E isto o dizemos porque o médium Xavier, um quase adolescente, sem lastro, portanto, de grande cultura e treino poético, recebe-a de jacto, e mais — quando de alguns autores não conhece uma estrofe!

É extraordinário, será maravilhoso, mas é a verdade nua e crua; verdade que, qual a Luz, não pode ficar debaixo do alqueire.

Foi por assim pensarmos que conseguimos vencer a relutância do médium em sua natural modéstia para lançar ao público, em geral, e aos confrades, em particular, esta obra mediúnica, que, certo estamos, ficará como baliza fulgurante, na história a tracejar do Espiritismo em nossa pátria."

E traçou o perfil de Francisco Cândido Xavier, "que não podia ter o estímulo ambiente, nem uma problemática hereditariedade, nem um, nem dez cireneus que o conduzissem por tortuosos e torturantes labirintos de acesso aos altanados paços do Olimpo para o idílico convívio de Calíope e Polímnia".

Após referir-se ao médium Mirabelli, que vira "cobrir dezoito laudas de papel almaço, no exíguo tempo de 13 minutos marcados a relógio", enquanto discreteava com ele, Quintão, "em idioma diverso da mensagem escrita", explica o *mecanismo intrínseco e extrínseco* do médium do *Parnaso*:

"Não há ideação prévia, não há encadeamento de raciocínios, fixação de imagens.

É tudo inesperado, explosivo, torrencial!

Do que escreve e sabe que está escrevendo, também sabe que não pensou e não seria capaz de escrever.

Há vocábulos de étimo que desconhece; há fatos e recursos de hermenêutica, figuras de retórica, que ignora; teorias científicas, doutrinas, concepções filosóficas das quais nunca ouviu falar, de autores também ignorados e jamais lidos!

Como explicar, como definir e transfixar a captação, a realização essencial do fenômeno?"

Fazendo ver que o médium podia explicar o fenômeno e definir, achou que ele o fez de maneira impressionante, de modo a satisfazer aos familiares da Doutrina, em "Palavras minhas", a que já nos referimos. E disse M. Quintão: "Aos outros, aos céticos, fica-lhes a liberdade de conjeturar, para melhor explicar, sem contudo negar, porque o fato aí está na plenitude de sua realidade, e um fato, por mais insólito que seja, vale sempre por mil e uma teorias, que nada explicam, antes complicam..."

E para terminar este capítulo, com a palavra, de novo, Manuel Quintão, que assim concluiu o seu magnífico prefácio:

"Como nota final aos argos da crítica, Catões e Zoilos de compasso e metro, faisqueiros de nugas e nicas, na volúpia de escandir *quand même*, diremos que, encarregado de apresentar esta obra, não nos dispusemos a escoimá-la de possíveis defeitos de técnica, não só por nos falecer autoridade e competência, como por julgar que tal ousio seria uma profanação.

Trata-se, precipuamente, de um trabalho de identificação autoral, e de entidades hoje mais lúcidas e respeitáveis do que porventura o foram aqui na Terra.

Tal como no-lo deram, esse trabalho melhor corresponde à sua finalidade altíssima, e o que a legítima ética doutrinária aponta é que quaisquer lacunas, ou taliscas, devem ser atribuídas ou irrogadas ao possivelmente precário aparelhamento de transmissão, ou a fatores outros, em suma, que mal podemos imaginar e que, no entanto, racional e logicamente devem existir, mais sutis e delicados do que esses que, amiúde, ocorrem na telepatia, na radiofonia, em tudo, enfim, que participa do meio físico contingente.

Que os arautos da Boa Nova aqui escalonados, por vindos de tão alto, nos perdoem a vacuidade e a insulsice destas linhas, e que os leitores de boa-vontade as desprezem como inúteis, para só apreçarem a obra que ora lhes apresentamos, na pauta evangélica que diz: — *A árvore se conhece pelo fruto.*"

# IV — AINDA O "PARNASO": CICLO EVOLUTIVO

Deixamos para este capítulo, muito de propósito, outros depoimentos que completam e/ou explicam tudo o que se podia querer saber sobre a publicação do *Parnaso de Além-Túmulo*: de Humberto de Campos, quando ainda na Terra vivia, Roque Jacintho, de novo J. Herculano Pires e, ainda, Wallace Leal V. Rodrigues e Francisco Thiesen.

Aqui, em parte, o corajoso e consagrador artigo de Humberto de Campos, então membro da Academia Brasileira de Letras, publicado no *Diário Carioca*, do Rio de Janeiro, e que causou grande impacto na opinião pública; um tópico, apenas, lamentando não termos em mãos todo o texto para completar a informação. Damos o que temos, colhido de Roque Jacintho, no seu livro *40 anos no mundo da mediunidade*, à p. 131. Comentando o aparecimento do *Parnaso*, escreveu o autor de *Carvalhos e Roseiras*, *Sombras que sofrem*, *Memórias*, *Memórias Inacabadas*, *Destinos*, *Os Párias*, cronista ímpar, crítico literário, jornalista e poeta:

— "Eu faltaria ao dever que me é imposto pela consciência, se não confessasse que, fazendo versos pela pena do Sr. Francisco Cândido Xavier, os poetas de que ele é intérprete apresentam as mesmas características de inspiração e expressão que os identificam neste planeta. Os temas abordados são os que os preocuparam nesta vida. O gosto é o mesmo e o verso obedece, ordinariamente, à mesma pauta musical. Frouxo e ingênuo em Casimiro, largo e sonoro em Castro Alves, sarcástico e variado em Junqueiro, fúnebre e grave em Antero, filosófico e profundo em Augusto dos Anjos."

E, agora, o depoimento do próprio Roque Jacintho, estampado às folhas 27 e 29 do seu livro admirável sobre Chico Xavier, editado em 1967, pela Edicel, livro que contou com alguns colaboradores, a saber: Dr. Ary Lex, Elias Barbosa, Joaquim Alves (Jó), José Gonçalves Pereira, J. Herculano Pires, Luiz Monteiro de Barros, Wallace Leal V. Rodrigues e Walter Radamés Acorsi.

No seu "Ensaio de Compreensão", lemos:

"PARNASO DE ALÉM-TÚMULO

A alma sobrevive ao corpo.

Esta afirmativa, comum a todas as escolas espiritualistas, embora sintetizando uma verdade, não nos transmite a dinâmica da sobrevivência, permitindo-nos saber até que ponto sobrevive com a alma a personalidade que caracteriza as diversas criaturas humanas.

O Espiritismo a esclarece e lhe dá prova irrefutável.

No Além-Túmulo, após finda a vida orgânica, quando o Espírito retorna à sua pátria de origem, cuja localização geográfica se inicia em nosso próprio meio e não numa determinada e circunscrita região do Universo, o homem vive, com mais amplitude ainda, o fenômeno de sua própria personalidade. Ele é e prossegue sendo. Continua com os matizes de seu caráter, sem nenhuma transfiguração abrupta e artificiosa.

Essa ocorrência recolhe-se na obra *Parnaso de Além-Túmulo*.

Verso após verso reencontramos não apenas as "almas", no sentido abstrato. São os mesmos personagens que deram sua contribuição cultural-artística à língua portuguesa, retornando com o seu estilo peculiar, próprio, definido, tornando incontestável que a sobrevivência não foi apenas do princípio inteligente, informe e fugaz, mas sim o de seu modo de ser, da sua forma de expressão, da sua capacidade de sentir e analisar.

Essa produção mediúnica permite identificar o autor dos versos psicografados com o trabalho que desenvolveu em nossas letras, quando encarnado. Observa-se tão-somente que receberam o banho lustral do Evangelho e que, retendo as mesmas formas de expressão pelas quais eram conhecidos, suas ilações galgaram outro nível mental e afetivo.

Nada menos que cinqüenta e seis personalidades de estilos diferenciados, com vocabulário distinto, com expressões até conflitantes no focar o mesmo tema, transmitem o testemunho de sua presença individualizada no Além.

O título da obra, extraído de um dos sonetos, ao mesmo tempo que lhe define a gênese espiritual, serve de preâmbulo para uma atividade de correspondência entre a Terra e o Céu, que se alongaria por mais de quarenta anos:

Além do túmulo o Espírito inda canta
Seus ideais de paz, de amor e luz,
No ditoso país onde Jesus
Impera com bondade sacrossanta.

. . . . . . . . . . . . . . . . . . . . . . . . . . . . . . . .
. . . . . . . . . . . . . . . . . . . . . . . . . . . . . . . .

Hinos das esperanças espargidos
Sobre os homens, tornando-os mais unidos,
Na ascensão para o Belo e para o Amor.

(*João de Deus*)"

E concluiu:

"...Enquanto na Europa e noutros centros de cultura acadêmica a pesquisa da sobrevivência da alma busca afirmações na materialização do Espírito, enriquecendo-se a mente e produzindo compêndios de atração curiosa, aqui no Brasil o plano da Eternidade se traçava por esta obra de incontestado valor comprobatório, confirmando que a sobrevivência da alma e a comunicação dos Espíritos iluminam o coração, espiritualizando a matéria."

Roque Jacintho voltou a referir-se ao *Parnaso*, em 1972, pelo *Reformador*, de outubro daquele ano, p. 252. Aqui, alguns trechos de "*Parnaso*: Quarenta Anos!", aproveitado por Francisco Thiesen em "Nos bastidores do *Parnaso de Além-Túmulo*", em 1973:

"Se à materialização dos Espíritos se pode chamar de *prova científica*, *Parnaso* criou o que poderíamos classificar de *prova dinâmica* ou *moral* da sobrevivência."

"Evitou-se, talvez dentro do esquema dos Espíritos que orientam a difusão do Espiritismo no Brasil, a inclusão de qualquer autor que não tivesse escrito em português."

"O *modo de dizer* dos autores sobrevive à morte. Observa-se, é certo, que o *modo de ver* dos poetas poderá ter sofrido alguma alteração. Alguns tratam de temas evangélicos, como jamais o haviam feito quando encarnados. A alteração de temática, contudo, termina por enfatizar o próprio estilo. Não se apresenta como uma cópia ou como mera reprodução do que já houvera dito, embora o *modo de dizer* permaneça inalterado, fidelíssimo."

"*Parnaso de Além-Túmulo* está além das dimensões da poesia. É um precioso elemento de ponderação da sobrevivência da alma, num sentido dinâmico, permitindo que se examine e se compulse, tantas vezes quanto necessário, a lei da sobrevivência e a lei das comunicações entre encarnados e desencarnados."

De novo a opinião de J. Herculano Pires, no seu estudo *A Filosofia Espírita na mediunidade de Chico*

*Xavier*, onde analisa a contribuição do médium tão apreciado para o Espiritismo. Fê-lo no seu aspecto *vivencial* e *interexistencial*. Aludindo aos criadores da angústia ou herdeiros kierkegaardianos, fez ver a complexidade de Chico Xavier numa apreciação filosófica. Mostrou-o como o exemplo da posição interexistencial da Filosofia Espírita, posição já ressaltada em seu livro *O Ser e a Serenidade*.

São palavras de Herculano, o espírita, bem mais sugestivas do que as do parapsicólogo, colaborador da revista *Planeta*. Referindo-se a Chico Xavier e seu livro famoso, objeto deste documentário, escreveu:

— "Só quem não o conhece, quem nunca o observou, quem não conviveu com ele algum tempo ou não manteve relações com ele durante alguns anos, não podendo portanto *ver com os olhos* a sua forma de existência, poderá ainda insistir nessas críticas sistemáticas, sectárias ou de má-fé, que certos sacerdotes ou psicólogos superficiais, enleados nas teias de aranha de algumas teorias puramente teóricas, lhe têm feito. As teorias científicas, de uma ciência do concreto e do imediato, sem perspectivas além das dimensões físicas, são instrumentos inadequados para explicar o *interexistente*. Pior ainda, quando essas teorias, cegas para as dimensões teologais, são do proselitismo sectário de algumas religiões useiras e vezeiras na deturpação dos problemas que lhe são adversos.

Bastaria uma obra, *Parnaso de Além-Túmulo*, para contestar de maneira irrevogável esses intérpretes tendenciosos, por mais impregnados de Ciência e de terminologia técnica que se apresentem. Como foi possível ao mineirinho ingênuo de Pedro Leopoldo, maldotado de instrução primária, pastichar todos os poetas que apareceram naquele livro, quando não dispunha nem mesmo de biblioteca própria ou alheia para as consultas necessárias? De que *inconsciente*, próprio ou alheio, poderia selecionar todas as formas poéticas e todos os estilos identificadores dos poetas em causa? E de que poder seletivo seria dotado o seu próprio inconsciente, para tirar de um possível inconsciente coletivo todo aquele estranho e variado material, adaptado às circunstâncias do momento e aos princípios espíritas? Essas e outras questões, levadas a sério e não tratadas com a displicência dos que sabem tudo e tudo explicam à própria moda ou ao próprio gosto, seriam suficientes para lançar por terra todas as hipóteses absurdas até hoje levantadas contra a evidência mediúnica de Chico Xavier.

Mas *Parnaso de Além-Túmulo* foi publicado em 1932 e estamos em 1967. Nesse período de 35 anos Chico Xavier desenvolveu as suas atividades psicográficas de maneira assombrosa toda uma biblioteca sobre os assuntos mais variados e nas diversas formas e gêneros literários."

O que escreveu em 1967, subscreveria em 1981, quando o médium veterano completou 200 livros inspirados por Espíritos, como registrou, ufano, o jornal *Psychic News*, de Londres, Inglaterra, numa reportagem recente, longa reportagem, que exalta a vida e a obra de Francisco, com ilustração — sua foto concedendo autógrafos, Chico Xavier com mais de 5.000.000 de exemplares de livros vendidos, sem que receba direitos autorais, que tudo doou à Causa Espírita. (Ver *SEI — Serviço Espírita de Informações*, nº 678, de 28-3-1981.)

Também muito apreciável é o depoimento de Wallace Leal V. Rodrigues, em *Livros e Autores, na mediunidade de Chico Xavier*, estudo que, como o acima registrado, vem incluído no livro de Roque Jacintho. Achando que Chico Xavier é uma espécie de S. João, o Batista, às avessas, não nos desertos, mas no meio dos homens, escreveu:

"... Quando o "dom" se lhe apresentou, o rapaz ingênuo e afável, e sobretudo poeta fracassado, se enche de surpresa. Tem laudas e laudas de papel nas mãos e nelas cintila o gênio poético que enriqueceu as bibliotecas. Mas os nomes que assinam a produção são nomes que se encontram em lousas e epitáfios. O que é surpresa para o rapazinho de Pedro Leopoldo, será uma espécie de dinamite explodindo nos meios intelectuais do Brasil. O problema está armado e tem um nome singelo: *Parnaso de Além-Túmulo.*

O *Parnaso* é uma ponta do véu que se levanta e deixa ver a Verdade:

— Eu vivo! — grita o condoreiro Castro Alves.

— Nós vivemos! — ecoam Guerra Junqueiro, Augusto dos Anjos, Antero de Quental, Hermes Fontes e todo um conjunto de vozes celebradas.

Esta era uma face da Verdade, a face polifônica, porém não a verdade por inteiro. Para esta segunda proeza armavam-se os prosadores, e o véu, correndo sempre, mostrará *Falando à Terra.*

Na mediunidade de Francisco Cândido Xavier, um vale por mil, e o tempo se multiplica. O véu corre célere porque dele dependem a existência e o futuro da civilização. O estilo é um fenômeno psicológico, provém das disposições espirituais e suprafisiológicas. É impregnado pela História e pela civilização. O estilo separa os homens, conforme o passado, mas poderá uni-los no futuro, na totalização histórica do Reino.

A surpresa do jovem cresce quando lê os comentários ou recebe a visita protocolar de intelectuais inabordáveis. Sente-se incapaz de dialogar com eles. O seu dialeto é singelo, quase humorístico, pois a criança nunca morrerá dentro dele. Mas em breve, para que o conceito evangélico da criança e do Reino prevaleça, é capaz de regalar os visitantes na intimidade morna de seu amor e de sua bondade. A explicação científica e técnica de seu "dom" é-lhe inacessível; sabe apenas que sua mão, passiva e mansa como ele próprio, abandona-se às mãos invisíveis que abençoam as laudas em branco, falando de Eternidade. Ele pode, entretanto, fazer o seu auditório chorar ou sorrir à narrativa ingênua e franca das experiências de sua própria vida. De fato, aqui também nada apresenta de novo: esse era o proceder de outro jovem montanhês, Francisco Bernardone, o "profeta" de Assis.

De qualquer forma a vivência autêntica do psicógrafo, a constatação de sua inerente aquisição espiritual já não o separam do livro imenso, reconstrução integral de toda uma experiência poética de dois países: Portugal e Brasil. De fato, pondo-se de lado a obra de Kardec, *Parnaso de Além-Túmulo* é, por certo, a maior sensação da literatura espírita. A poesia, com suas rígidas leis, é muito mais do que a constatação de um estilo, é a "prova ácida" da mediunidade psicográfica.

O *Parnaso* sai indene dessa prova: está acima de mal-entendidos, é um marco na história do Espiritismo. Provoca um hiato de reflexão profunda e se constitui no mais maciço de todos os testemunhos em favor da sobrevivência do Espírito. Quantos conheceram o gênio poético acreditam reconhecer os autores cuja chama, supostamente extinta, faz-se revelar por si mesma. E, curioso detalhe, eles, os autores que voltam, confirmam os seus princípios, separam-se nessa confirmação mas, paradoxalmente, reúnem-se ideologicamente em torno de um mesmo *condotiere*: Cristo.

Há, entretanto, forças que se agitam impacientes! Desejam fechar o livro magistral e perigoso e escrever em sua capa: "É proibida a leitura!" (Pp. 263 a 266.)

Noutro trecho, assim se exprimiu Wallace, já autor de vasta bibliografia, que inclui traduções de célebres romances franceses e ingleses, entre outros, e à frente da *Revista Internacional de Espiritismo*, criada por Caírbar Schutel, em Matão, São Paulo:

— "O *Parnaso de Além-Túmulo* inaugurou uma espécie de renascimento. A psicografia de Francisco Cândido Xavier ainda não conheceu as chamas.

A Revelação baseava-se em contextos tradicionais: a Bíblia e os Evangelhos. A Revelação se fez tradicionalista, pois que os canais de contacto com as fontes espirituais foram destruídos quando se inaugurou a perseguição sem quartel contra o exercício da mediunidade. Mas ao Espiritismo cabia restabelecer esse contacto perdido. E ele brilhantemente o fez. Os "profetas" retornaram e o Pentecostes passou a ser ocorrência cotidiana.

Ora, o *Parnaso* é, também, uma espécie de Pentecostes, um "vento veemente e impetuoso" que sopra do céu e enche a casa dos homens. Os poetas falaram em sua própria língua e a essa voz uníssona... "ajuntou-se à multidão, e estava confusa, porque cada um os ouvia falar na sua própria língua."

Ainda:

— "Sendo obra essencialmente poética, o *Parnaso* é um livro de nutrição espiritual. Anota e convence a respeito da sublimidade, nobreza e imortalidade de tudo quanto se relaciona à Vida. Todavia, a psicografia salta sobre esse momento de poesia transcendental."

Aqui e agora, um depoimento de suma importância, que mostra o ciclo evolutivo do *Parnaso* — o de Francisco Thiesen, em "Nos bastidores do *Parnaso de Além-Túmulo*", artigo que saiu em *Reformador*, de setembro de 1973, às pp. 261 a 265.

Ao narrar-nos "a *maratona* dos 40 anos", já entrando "na década do cinqüentenário", explicando a "crise de gênios" do nosso tempo, dando-nos, enfim, todo "o ciclo evolutivo da formação do *Parnaso de Além-Túmulo*" — que tudo, disse ele, evolui — e reunindo notas e estudos de Manuel Quintão, da 2ª à 5ª edições, Thiesen teceu comentários sobre o advento da 6ª edição e, por último, sobre a 9ª edição, comemorativa dos 40 anos.

É um trabalho irrecusável, que tudo informa e esclarece a respeito do livro posto em questão por J. Herculano Pires, e que teve uma 9ª edição em 1978, ilustrada, anotada e estilisticamente estudada, com capa e retratos em aguadas de Cecconi, além das sínteses biográficas, índices, notas especiais, livro já com 45 mil cópias.

Quem melhor do que Francisco Thiesen — hoje na presidência da Federação Espírita Brasileira (realizando

— diga-se de passagem — obra de congraçamento entre os espíritas, na verdadeira unificação sonhada desde os tempos do Dr. Adolfo Bezerra de Menezes, e de apoio à cultura espírita, à memória do Espiritismo, e, mais ainda, de aproximação dos espíritas brasileiros e portugueses, e dos espíritas de todo o mundo, levando a mensagem espírita, o livro espírita, a toda parte, em edições em vários idiomas), quem melhor do que Thiesen para narrar, com minúcias, o que aconteceu com o *Parnaso* desde as origens? Tudo declarou em tom fraterno, de compreensão cristã.

Escreveu uma verdadeira reportagem, digna também da revista da Editora Três, só que temos as nossas dúvidas se ela seria aceita pelos seus diretores, por lhe faltar, precisamente, aquele sensacionalismo do qual se nutre, e de que J. Herculano soube, como poucos, utilizar-se. Não disse ele, o romancista de *Caminho do meio* e *Daga Moriga*, que "não houve nenhuma explicação concreta para o seu caso (de Chico Xavier) num tempo em que as ciências procuram esclarecer os fenômenos mais espantosos; que jornais e revistas e livros falam dele (Chico), mas estão repletos de dúvidas, suspeitas e ironias?" Xavier, segundo ele, ainda um *enigma*. Não para os espíritas, de Manuel Quintão a Roque Jacintho e Francisco Thiesen. A nós nos parece que o próprio J. Herculano Pires, como já vimos anteriormente, *explicou* — e bem — o fenômeno de Pedro Leopoldo.

Mas vamos dar a palavra, com alegria, a Francisco Thiesen, que, no seu estudo sucinto, diz muito, diz mesmo tudo. Com sua autoridade e sua ânsia de verdade e justiça, era mesmo quem podia — e devia — opinar sobre a questão levantada na revista citada, acusação a que já nos referimos no capítulo II.

É um documento sumamente importante, e vem aqui transcrito a partir do item 2, sem as notas de rodapé, desnecessárias para nosso estudo — documento, enfim, de inestimável valor para o fim a que nos propusemos neste *50 Anos de Parnaso*:

— "Elias Barbosa, autor das "notas e estudos estilísticos" (*vide* "Perenidade do *Parnaso de Além-Túmulo*", pp. 19/21 da 9ª edição), define o *Parnaso* como obra "eterna, a-histórica" (na conceituação de Dámaso Alonso de que "a obra de arte é eterna — se entendemos por eternidade o ciclo de nossa cultura") e diz, adiante, que "o nosso amigo (Chico Xavier) se alegrará, verificando conosco uma ocorrência singular: *à medida que os métodos de pesquisa literária se aperfeiçoam, tornando-se cada vez mais sofisticados, mais autenticidade de sua produção medianímica se evidencia*" (os grifos são nossos).

Mas, no "fluir da História", a obra a-histórica (e, no caso do *Parnaso*, com redobradas razões, pela transcendentalidade dos fins que colima, influindo sensivelmente na auto-orientação da liberdade individual na escolha dos próprios destinos) há de receber a luz do encaminhamento historiológico absolutamente autêntico, dentro de linhas severamente coordenadas, conquanto liberais e flexíveis quando interpretativamente consideradas, para que, no porvir, a sua tessitura se não desfigure sob a pena dos que, à guisa de crítica literária ou de defesa da *Poética Mediúnica*, ajam como meros historientos na sagrada historiografia da Arte Medianímica.

É também por isso que nos pareceu oportuno reunir elementos esparsos, pertinentes a essa obra ímpar da nossa literatura mediúnica, apontando detalhes dentro de fatos e realidades não suficientemente esflorados, e alguns até mesmo ainda não revelados. E a oportunidade mais se acentua à medida que se pondera sobre a significação da década do cinqüentenário, em que o *Parnaso* já ingressou, cinqüentenário que virtualmente coincidirá com o centenário da própria *Casa de Ismael — Santuário do Livro Espírita*, na feliz expressão de Irmão X."

Lembrando "A escola que há no tempo e a lição que há na Morte", de um verso de autor ignorado, na *Antologia dos Imortais* ("Regresso"), prosseguiu:

— "Há quase quarenta anos, quando o *nascituro Parnaso* (1ª edição) suscitava as mais duras e desencontradas manifestações da opinião pública, o Espírito Eça de Queiroz, o irônico e mordaz, impiedoso e ferino Eça — vernaculista da lusitana terra que sacudiu as estruturas culturais do século XIX com sua prosa cômica, de libertação de preconceitos puristas —, em mensagens intituladas "Piparote ao Futurismo" e "Julgando Opiniões", páginas notáveis e de plena atualidade, dizia, entre outras coisas:

"Vi-te, finalmente. Lá surgias ao fim de uma rua bem cuidada, onde se alinhavam casas brancas e arejadas, brasileiríssimas, abarrotadas de ar, de saúde, de sol; vinhas com o passo cansado, pele suarenta a derreter-se dentro de roupas quase ensebadas, com os pés metidos em legítimos socos do Porto, obrigando-me a evocar o cais de Lisboa..." "Que não te cause estranheza o meu modo particular de apreciação sobre a tua personalidade. Crê. Nisto não vai a mínima parcela de desconsideração. É que eu próprio me surpreendo com os tipos originais que o espiritualismo moderno apresenta ao mundo. Mãos que se entregam aos rudes trabalhos braçais, fazendo a literatura do além-túmulo, isto é, deste país estranho onde moro folgadamente, como pintassilgo às soltas na Natureza." "Tens um ideal, que é o ideal do Bem." "Deixa os receios, os temores e as vacilações às toupeiras enceguecidas, que não suportam senão a luz coada das suas tocas subterrâneas..." "Só os que buscam a espiritualidade pura, que se banham nas claridades sadias do sol esplendoroso do sonho de perfeição de Jesus-Cristo, é que poderão receber as grandiosidades do seu amor." "E não olvides do riso são, às investidas dos patifes que se refestelam no brejo lodacento das misérias deste mundo de esclarecidíssima ciência atéia, de grandes sábios pigmeus e de portentosas nulidades." "Os meus escritos póstumos são apenas sinônimos de amistosas visitas. E, como há quem te assevere serem as nossas produções expressões da tua genialidade, quiçá da tua fertilidade imaginativa, resolvi prevenir-te para que não te amofinasses de orgulho como abóbora seca, a chocalhar-lhe as suas pevides, porque os gênios hoje constituem raridades. Há crise deles atualmente. Crise oriunda do excesso, como todas as crises hodiernas." "A crise de gênios tem a origem na superabundância deles. As Academias fabricam-nos às dúzias e a concorrência intensifica a vulgaridade." "Os rapazes cursam uma Academia que faz anualmente uma desova de celebridades." "Inflados de sapiência, de estudos especializados, são Spinoza em Filosofia, Harvey em Medicina e expoentes máximos do Direito em ciências jurídicas." "São inteligências enciclopédicas que apenas sofrem de dispepsias e que daqui se nos afiguram como feiras de aptidões e consciências." "E, como a vida desse mundo é repleta de coisas transitórias, esperamos que o reconheças, desempenhando todos os teus deveres cristãos. Que outros se enriqueçam e se locupletem. Procura as riquezas da alma, os tesouros psíquicos que te servirão na Imortalidade. *Não busques ser o gênio. Sê o apóstolo.*"

Excursionamos um tanto no pensamento de Eça para sublinhar a importância do ensino quanto aos deveres do médium: Chico Xavier não cogitou de inflacionar ainda mais a *classe dos gênios*, convicto de "que a *imortalidade* não é a que eles presumem e estimam *sous la coupole du Petit Trianon.* Ele aprendeu "a lição que há na Morte!" Daí a paz que aufere no exercício do seu mediumato."

Sobre o *Parnaso de Além-Túmulo*, escreveu:

— "Todo fenômeno tem um tempo propriamente seu." (Aqui lembrou Pietro Ubaldi, de *A Grande Síntese.*) Considerado em seu aspecto orgânico, o *Parnaso* igualmente revela surpreendentes detalhes no plano de sua idealização no Mundo Espiritual, pois não se admite o acaso.

"Quando surgiu, em 1932, o livro continha relativamente poucas peças poéticas e os seus diversos autores não constituíam tão numeroso elenco, como nas edições posteriores. O *Parnaso* nasceu pequeno, incompleto, condicionado a um desenvolvimento cíclico, segundo uma sábia progressividade. As poesias continuaram sendo transferidas para o "lado de cá" e muitas delas passaram a enriquecer as edições subseqüentes do livro primeiro da mediunidade de Chico Xavier. Ele é fruto da participação de Espíritos que se notabilizaram em épocas distintas, no Brasil e em Portugal, e também de poetas menos conhecidos e, até, de anônimos. Integram-no, outrossim — é bom lembrar —, escritores, jornalistas e profissionais liberais que em vida conheceram-lhe as páginas, criticaram-nas pela imprensa e pelo livro. Inclusive um ex-leproso de Pirapitingui, Jesus Gonçalves, desencarnado em 1947.

"Emmanuel ia comandando a formação do livro. Até à 5ª edição ele teve aumentado seu número de poesias; inclusive com novas apreciações introdutórias, por Manuel Quintão (quanto a isto, até à 4ª edição), dentro do critério inicial que lhe norteara o crescimento.

"Porém, num certo momento, e isso lá pela altura de 1954, quando circulava a 5ª edição, o *Parnaso* foi considerado *adulto* e decidida, num esforço entre os dois planos, a execução de sua textualidade definitiva.

"Foi assim que, com a 6ª *edição, revista e ampliada pelos Autores Espirituais*, o *Parnaso de Além-Túmulo* ficou acrescido de característico incomum, único no gênero pelo seu vulto inusitado: não mais apenas o da ampliação, agora definitiva na parte mediúnica da obra, mas o da *revisão* pelos Espíritos!"

Lembrando Manuel Quintão, suas notas e estudos para as primeiras edições, ou melhor, até à 5ª:

— "Referir-nos-emos, a seguir, às notas de Quintão, nas respectivas épocas vice-presidente da FEB, pois o seu "À guisa de prefácio" permaneceu como peça definitiva, do mesmo modo que a mensagem do Espírito Humberto de Campos, intitulada "De pé, os mortos!", e a do próprio médium, "Palavras minhas".

"De *Pro forma*, para a 2ª edição, extraímos:

"Quando, há três anos, tracejamos a apresentação deste livro original e único, até agora, nos anais da bibliografia espírita, não tínhamos a menor dúvida sobre o seu valor intrínseco e, portanto, sobre o seu êxito.

"Êxito doutrinário, principalmente, mas literário também.

"E a prova de que nos não iludíamos, aqui a temos exuberante, magnífica, nesta reedição quase triplicada, não apenas no texto, como na expressão quantitativa e qualitativa dos seus autores.

"Os poetas do Além parece que se não abespinharam, nem muito nem nada, com as críticas que lhes fizeram os pontífices das igrejinhas cá de baixo, e logo emprazaram colegas outros a que viessem reforçar a magna tarefa.

"E eles, os novos recrutas do *Parnaso* aí estão vivos, solertes, perfilados na clâmide irisada de suas musas, na polifonia sutil dos mesmos alaúdes que na Terra timbraram."

"Das notas à 3ª edição, retiramos três tópicos:

"A crítica misoneística e acerba foi-lhe, porém, benéfica. Os mesmos correligionários que de princípio lhe concederam reticencioso acolhimento, houveram de render-se à evidência, porque a verdade é que, de então para cá, o médium não tem cessado de confirmar os seus dotes extraordinários, em trabalhos deste e doutros quilates."

"De preâmbulo, nesta 3ª edição, queremos apenas assinalar que ela se opulenta com a colaboração de seis novas individualidades, que são: Antônio Torres, Augusto de Lima, Alphonsus de Guimaraens, Belmiro Braga, José Silvério Horta (Monsenhor Horta) e Rodrigues de Abreu."

"Os sonetos "À Maria", de Bittencourt Sampaio, "Oração ao Cruzeiro", de Pedro de Alcântara, e "Homem da Terra", de Augusto dos Anjos, foram escritos de jato e de improviso, em menos de 5 minutos, sob nossas vistas, e, o que mais é, após uma longuíssima mensagem de Pedro Richard, repleta de episódios particulares, muito íntimos e absolutamente desconhecidos do médium, quanto de nós esquecidos, por assaz remotos."

"Destacamos estes parágrafos de "Em 4ª edição":

"Amaral Ornellas surge-nos com "Ave-Maria!" quando intimamente estranhávamos sua ausência nesta "Galeria", ao passo que Albérico Lobo, com "Do meu porto" — muito longe estava da nossa mente; e Lucindo Filho, desencarnado há 48 anos, completamente ignorado do médium, desassombra-se com "Sem sombras", no ambiente de uma reunião heterogênea, e no tumulto de conversações puramente recreativas."

"Também o belo soneto "Ajuda e passa", de Alberto de Oliveira, aflorou em nosso ambiente doméstico, quando o médium ofegante mal pousava a sua mala, após trinta e duas horas de exaustiva viagem."

"Para bem julgar este livro, não bastam os valores do senso crítico comum, ainda os mais provectos.

"Não basta entender de Poética, ter intuição de Estesia, conhecer os segredos da Arte com todos os seus requisitos e filigranas.

"O que mais importa é conhecer o médium, sua capacidade intrínseca e a maneira por que se processa a sua obra de absoluta probidade intelectual e moral."

"Até à 5ª edição, as notas e estudos supra-referidos figuraram no *Parnaso*. Nesta última, nenhum estudo suplementar foi consignado."

Sobre a 6ª edição, renovadora:

— "Em 1955, no mês de setembro, a FEB dava conhecimento aos espíritas, pela capa interna de *Reformador*, do lançamento da 6ª edição, na qual figuravam novas poesias de Amaral Ornellas, Quental, Augusto dos Anjos, Cármen Cinira, Bilac e poetas que não tinham comparecido nas anteriores edições: Alfredo Nora, Álvaro Teixeira de Macedo, Edmundo Xavier de Barros, Alvarenga Peixoto, Jesus Gonçalves, José do Patrocínio, Leôncio Correia, Luiz Pistarini, Múcio Teixeira.

"Mas, com a mesma 6ª edição, revista e ampliada pelos Autores Espirituais, circunstância indicada no frontispício (página de rosto) da obra, surgia também a textualidade poética definitiva.

"Definitiva, porém, não significa cumulativa, como se pode pensar desavisadamente. Houve aumento de páginas, novos colaboradores, mas ocorreram também supressões de algumas unidades (sonetos). É que, com a 6ª edição, a obra passou a obedecer a delineamentos estruturais de globalidade unificada, e isto exigiu modificações de variada gama em centenas de versos, estrofes, sonetos, poemas...

"Na oportunidade, a Editora da FEB encaminhou ao médium um exemplar da 5ª edição. Emmanuel, representando os Autores Espirituais, sugeriu emendas, supressões e inclusões de poesias. Chico Xavier tudo anotou, do próprio punho, às margens das páginas revisadas. E antes, ainda, de levada ao prelo a nova edição revista e ampliada, outras emendas iam sendo convencionadas através de troca de correspondência entre a Federação Espírita Brasileira, no Rio, e o médium, em Pedro Leopoldo.

"Seguiram-se as 7ª e 8ª edições, em que erros tipográficos foram corrigidos, como ocorre nas reedições em geral."

Sobre a 9ª edição, comemorativa dos 40 anos:

— "Na trilha evolutiva do *Parnaso de Além-Túmulo*, pois que tudo evolui indefinidamente, surgiria, como surgiu, em 1972, em esmerada confecção gráfica, artisticamente ilustrada, com maior número de páginas, e no dobro do formato da 8ª, a 9ª edição com os importantes estudos e notas de Elias Barbosa, novos índices, notas especiais e sínteses biográficas, capa e retratos em aguadas de Cecconi, etc., etc.

"*Parnaso de Além-Túmulo* tem uma longa, fecunda e nobilitante história, que o exíguo espaço destinado a um artigo só por alto e de longe permite se examine. Mas esperamos conseguir, no futuro próximo, mais espaço e, sobretudo, mais tempo, muito mais tempo mesmo para um estudo intrínseco e confrontativo de algumas peças poéticas aperfeiçoadas no Além, para o aquém-túmulo, numa pujante revelação de vitalidade no intercâmbio entre Espíritos eternos de dois planos vibratórios e que aspiram, acima de tudo, à legítima e consciente Imortalidade! Porquanto, "para bem julgar este livro, não bastam os valores do senso crítico comum, ainda os mais provectos": é indispensável meditar sobre "a escola que há no Tempo e a lição que há na Morte!"

# V — A REVISÃO DOS ESPÍRITOS

Explicado "o ciclo evolutivo da formação do *Parnaso de Além-Túmulo*", por quem, realmente, cabia fazê-lo, voltemos à reportagem de J. Herculano Pires, transcrita, na parte que nos interessa, no capítulo II deste opúsculo. Por que foi retirado da edição definitiva o belo soneto "Número infinito", de Augusto dos Anjos? Que alterações foram feitas? Chico Xavier, de fato, não sabia de nada? Não tomou parte na revisão dos Espíritos?

Herculano afirmou: "Nem sequer para a sua obra mediúnica pode exigir o respeito que ela merece. Soubemos depois de outras alterações nesse e noutros livros. Mas Chico Xavier não reclama porque sua missão é unir e não dividir." Teve razão o autor de *Barrabás, o Enjeitado* e *Lázaro* em acusar, assim, a FEB?

Na sua defesa indireta — também para não desunir — Francisco Thiesen tudo esclareceu:

— "Emmanuel ia comandando a formação do livro. Até à 5ª edição ele teve aumentado seu número de poesias (. . .) com a 6ª *edição, revista e ampliada pelos Autores Espirituais*, o *Parnaso de Além-Túmulo* ficou acrescido de característico incomum, único no gênero pelo seu vulto inusitado: não mais apenas o da ampliação, agora definitiva na parte mediúnica da obra, mas o da *revisão* pelos Espíritos!"

Não foi a primeira vez que um livro de origem mediúnica reapareceu com edição *revista* e *ampliada* pelos seus Autores. O exemplo mais significativo (outros existem, seguramente): o próprio *O Livro dos Espíritos*, preparado por Allan Kardec, sob a direção do Espírito Verdade. A sua 2ª edição foi, praticamente, um livro novo. Kardec mesmo o disse e o saudoso Dr. Canuto Abreu, com o fito de enriquecer a bibliografia do Espiritismo no Brasil, publicou, faz tempo, a obra na sua forma primitiva.

Podiam os Poetas do Além (e como não?) corrigir seus versos antigos, excluir ou incluir novos poemas, numa obra que buscou, no início, chamar a atenção do povo para eles, que continuavam vivos, e é, hoje, sem sombra de dúvida, primor de Antologia.

Do que ficou dito por Francisco Thiesen, está bem claro que a Federação Espírita Brasileira (no caso específico, o Dr. Wantuil de Freitas) fez as alterações da 6ª edição, mas... obedecendo as instruções de Emmanuel, transmitidas por Chico Xavier, e não só "Número infinito" foi retirado do volume. Outros três sonetos de Augusto dos Anjos, ao que sabemos, e um poema de Guerra Junqueiro também ficaram de fora.

Vejamos, de novo, o pronunciamento de Francisco Thiesen, tão sereno e justo, com relação ao advento da 6ª edição do *Parnaso*, pois a repetição se faz necessária:

— "Emmanuel, representando os Autores Espirituais, sugeriu emendas, supressões e inclusões de poesias. Chico Xavier tudo anotou (no exemplar da 5ª edição, a ele enviada pela FEB), do próprio punho, às margens das páginas revisadas. E antes, ainda, de levada ao prelo a nova edição revista e ampliada, outras emendas iam sendo convencionadas através de troca de correspondência entre a Federação Espírita Brasileira, no Rio, e o médium, em Pedro Leopoldo."

A 6ª edição do *Parnaso* é de 1955, e dezoito anos depois, em julho de 1973, o fato é jogado a público como novidade pelo professor de Araraquara, sem que ele tivesse procurado inteirar-se do que realmente aconteceu, e não obstante a indicação, nessa edição de 1955, de que a obra fora revista, ampliada pelos Autores Espirituais — circunstância indicada no frontispício (página de rosto) da obra. Segundo Herculano, Chico Xavier, indagado sobre o assunto, disse: — "Não sei." Um esquecimento do médium, decorrido tão longo tempo da revisão dos Espíritos? Um engano de Herculano, que, também depois de tantos anos, não se lembrou exatamente o que ocorreu no seu encontro "face a face" com o Chico?

Para nós, tudo não passou de mal-entendido. Chico deve ter dito, sim, "Eles o retiraram", referindo-se aos Espíritos. E podia também ter aludido aos diretores da Federação, e não faltaria à verdade, mas teria que acrescentar: com autorização de Emmanuel. Todos, portanto, cobertos de razões. Eles: os Diretores da FEB, os Poetas do Além e, principalmente, Emmanuel.

Houve modificações, às vezes profundas, em muitos versos do *Parnaso*. Os poetas estiveram representados por Emmanuel, na árdua tarefa. Emmanuel, também um poeta, como se vê pelo seu belíssimo "Almas Gêmeas" e por outros hinos incluídos nos seus livros, por muitas de suas orações, verdadeiros poemas modernos.

O *Parnaso* tem, sim, "fecunda e nobilitante história", que ainda há de ser mais bem contada. Foi o que garantiu Francisco Thiesen, confessando que esperava, em futuro próximo, conseguir tempo, muito mais tempo, para realizar um "estudo intrínseco e confrontativo de algumas peças poéticas aperfeiçoadas no Além, para o aquém-túmulo (...)". Dando uma pequena ajuda com vistas a esse estudo futuro, tentaremos, muito superficialmente, realizar um confronto entre os versos antigos do livro e os atuais, definitivos — e tudo sem espírito crítico, só com a intenção de levar os leitores a constatarem, por si mesmos, as alterações processadas, que se tornavam necessárias.

Antes, porém, repetimos, para o regalo dos admiradores de Augusto dos Anjos, entre os quais nos incluímos, o soneto "Número infinito" — verdadeira ficha de identificação do seu autor:

## "NÚMERO INFINITO

Sístoles e diástoles derradeiras
No hirto peito, rígido e gelado;
E eu via o Último Número extenuado,
Estertorando sobre as montureiras.

Interregno, escuridão, ânsia e inferneiras;
Depois o ar, o oxigênio eterizado,
E depois do oxigênio o ilimitado,
Resplendente clarão de horas primeiras.

Busquei a última visão das vistas foscas,
O Derradeiro Número entre as moscas,
À camada telúrica adstrito;

E eu, vítima dútil da desgraça,
Vi que cada minuto que se passa
É nova luz do Número Infinito."

Foi-nos dado examinar, como já dissemos, filmes de páginas da 5ª edição, do exemplar revisto por Emmanuel em nome dos Espíritos Autores, e anotado pelo próprio médium, com sua letrinha inconfundível. Aqui e ali, a assinatura de Chico Xavier nos recados que transmitia ao Dr. Wantuil de Freitas.

Agora, a Revisão dos Espíritos:

Mostraremos, adiante, verso por verso, as alterações mandadas executar no texto conhecido. Serão mostrados os sonetos excluídos, que, neste estudo, já não prevalecem os motivos que levaram a FEB a retirá-los do livro — a repetição do mesmo tema.

Pela ordem alfabética:

1 — Em Alphonsus de Guimaraens, o soneto "Santa Virgo Virginum" teve seu primeiro verso do último ter-

ceto trocado de "Tudo deixais... Velando nos caminhos", para — "Eis, porém, que vos vejo nos caminhos"; no soneto "Sinos", a modificação se deu nos dois primeiros versos da segunda quadra: de "E vou com outros seres solitários, reviver velhos quadros, velhas cenas", para — "E *seguindo* outros seres solitários, *retomo* velhos quadros, velhas cenas". Ir ou seguir? Rever ou retomar? Na forma antiga ou na nova, não houve prejuízo para a beleza da idéia.

2 — No soneto "O mistério da morte", de Amadeu (?) — que acreditamos tratar-se de Amadeu Amaral, poeta paulista —, houve alteração do primeiro verso do primeiro terceto. De "A morte apenas é o mirífico processo", que passou a ser "A morte é simplesmente o lúcido processo". Na forma antiga, estava: "A morte apenas é o mirífico processo desassimilador das formas acessíveis à luz do vosso olhar, empobrecido e incerto."

3 — Antero de Quental viu reparos nos sonetos "Supremo engano", "O Remorso", "Rainha do Céu", no II e III, de "Depois da morte". Assim, "Supremo engano", antes: "Antegozei, somente, em minhas dores, a paz livre de treva e de esplendores, do imperturbável nada que não tens!"; depois: "Antegozei, somente, em minhas dores, a paz livre de trevas e pavores, do imperturbável nada que não tens!" O certo seria mesmo *pavores*. A paz livre de esplendores? no imperturbável nada? Em "O Remorso", na segunda quadra estava "Aproximei-me dele, suplicante, dizendo-lhe com acento moribundo", e passou a ser: "Aproximei-me dele, suplicante, dizendo-lhe, cansado e moribundo". Cansado ficou melhor. Em "Rainha do Céu", saiu a palavra *alma* do primeiro verso, da segunda quadra, por causa da metrificação. O verso correto: "Amparai o que anseia, luta e chora". Em "Depois da morte" (II), o primeiro terceto era assim: "Mas os fátuos orgulhos e a descrença guiavam-me a existência desolada, recamada de dor profunda e intensa". Ficou: "Mas a insídia do orgulho (...) *guiava-me* (...)" — para ficar no singular. No soneto III, apenas a palavra *magno*, do

terceiro verso da primeira quadra, foi substituída por *trágico*. A razão da troca é óbvia: fazia cacófato: problema magno.

4 — Antônio Nobre: dois versos modificados, apenas, em "Quadras de um poeta morto". Dissera ele, pelo Chico Xavier: "Nesse mundo miserando a ventura é ilusória". Achou por bem trocar para "Toda ventura é ilusória". Triste poeta, e pessimista como foi na Terra. O outro verso era "O Universo, — os céus profundos". Ficou: "No Universo há céus profundos".

5 — Em "Miniaturas da Sociedade elegante", de Artur Azevedo, no soneto II, houve troca também. O primeiro terceto era — "Esse livro, Antonico, é meu breviário!" Di-lo a ele num riso de falsário, toma-o de novo às suas mãos trementes". Ficou sendo deste jeito: — "Esse livro, Antonico, é meu breviário!" Diz inquieta. E ele, cínico e falsário, arrebata-o às frágeis mãos trementes". Mariquita tinha mesmo motivos de inquietar-se. O breviário ... Saiu *num riso de falsário*, substituído por *cínico e falsário*; *arrebata-o* e não *toma-o*, deu uma melhor idéia do ato brusco do moço — pelintra afetado, assaz artista, linguagem bem do gosto de A. A. como muitas vezes assinou, na Terra, seus versos humorísticos.

6 — Augusto dos Anjos. Houve modificações nos sonetos "Incógnita", "Homo" (I e II), "Alter ego", "Raça adâmica", "Homem da Terra", "Confissão" e "Ante o Calvário" e nos poemas "Voz do Infinito" (II), "Vozes de uma sombra", "Aos fracos da vontade". Não só "Número infinito" foi retirado do livro, como foi declarado. Os outros sonetos excluídos: "Guerra", "No crepúsculo da Civilização" e "A Dor" — com o aval de Emmanuel. E lê-se à margem: Em "Guerra": "Wantuil, Emmanuel é de parecer que devamos retirar esta página, para evitar muita repetição do mesmo tema. Chico." Em "A Dor": "Wantuil: apesar de revisto, segundo Emmanuel, devemos retirar este soneto do livro. Chico."

Em "No crepúsculo da Civilização", está: "Wantuil, ainda aqui o nosso amigo é de parecer devamos retirar a página, para não repetir o tema demasiado." Em "Número infinito", não deu para ler nada.

As corrigendas:

No primeiro verso da primeira quadra de "Incógnita", por estar a frase na forma interrogativa, o *porque* foi corrigido para *por que*; o terceiro verso da segunda quadra, de "Na luz, e ainda idolatro o gosto horrível", ficou sendo: "Em plena luz e atendo ao gosto horrível"; o soneto "Homo" (I), primeiro verso, da segunda quadra, de "Psiquê exótica, indeterminável", passou a ser: "Psique dolorosa e inexpressável". Em "Homo" (II), versos inteiros, exceto na segunda quadra. Assim, na primeira quadra: de "Vendo o húmus que as próprias vértebras come, devorar com atra e hórrida, árdega fome", para: "Vendo a terra que os próprios ossos come, horrente a devorar com sede e fome"; no primeiro terceto, de "De que a Terra obnóxia se engalana nos ergástulos do Infinitesimal", para: "De que o planeta triste se engalana nas grilhetas do Infinitesimal"; o segundo verso, do último terceto, mudou de "Onde a deífica essência se reveste", para "Onde a divina essência se reveste" — alterações, ao nosso ver, acertadas. Por que continuar com o húmus que as próprias vértebras come, com aquela atra e hórrida, árdega fome? E obnóxia? E a deífica essência? Grilhetas em lugar de ergástulos, e, em lugar de deífica essência, divina essência. "Alter ego", pequena mudança no segundo verso da segunda quadra: "De todas minhas células falidas", passou a ser "De minhas pobres células falidas". Bom. "Raça adâmica" teve, no último terceto, os dois primeiros versos substituídos para "Glorificando o Instinto e a Inteligência, fez da Terra o brilhante gral da Ciência". Havia mais poesia na forma antiga: "Removendo fantásticos tropeços, fez da Terra o caminho dos progressos"; "Homem da Terra", uma palavra, apenas, foi trocada, no quarto verso da primeira quadra: "Entre milhões de células taradas", para "Entre milhões de células cansadas"; uma correção, evidentemente. Um magnífico soneto, no jeito espetacular do grande poeta de *Eu.* Em "Confissão", também a mudança foi pequena, no terceiro verso do primeiro terceto. Era "Das grandezas dum novo transformismo!" e passou a ser: "De beleza, verdade e transformismo!"; "Ante o Calvário": mudanças nos tercetos. Em lugar de "Inda se sentem as lágrimas divinas", lê-se: "Correm de novo as lágrimas divinas"; a palavra *infame,* do segundo verso do último terceto, foi retificada para *triste*; *podre,* do último verso, para *escuro.* O sangue das carnificinas podia ser mesmo podre, ou escuro.

Nos poemas, alterações de pouca monta. Em "Voz do Infinito" (II), na terceira quadra, passou de "E as ruins exalações dos corpos podres", para: "E os tóxicos letais dos corpos podres". *Ruins* exalações ou *tóxicos letais*? O esterco que apavora o mundo tem exalação ruim mesmo! Em "Vozes de uma sombra", na estrofe nº 4, no último verso: "Como se eu fosse o bruto entre os mais brutos", que passou a ser: "Como se eu fora bruto entre os mais brutos"; mais adiante: "Um céu iluminado e um inferno torvo", ficou sendo: "O céu iluminado, o inferno torvo" — talvez por causa da metrificação; no verso "São os milhares de óvulos de um ovário", Emmanuel achou melhor ser mudado para "Os milhões de corpúsculos do ovário". No poema "Análise", na terceira estrofe, o verbo *agrilhoar* foi trocado para *prender,* e o terceiro verso, "Na hediondez dos mórbidos sensualismos", tornou-se "Multiplicando as lágrimas e os trismos". No poema "Dentro da noite", na quinta estrofe, no quarto verso, era "Vendo cair-lhes os membros carcomidos" (os leprosos), verminados, etc., ficou deste modo: "Sentindo os próprios membros carcomidos". Na sétima estrofe, era: "Pábulo sou dessa horrível agonia e por milagres da hiperestesia", ficou: "Pábulo sou dessa hórrida agonia e nos abismos de hiperestesia". Na penúltima estrofe, estava "Terra!... e vem-me fortes cheiros acres", ficou: "(...) e chegam-me fortes cheiros acres".

Na edição definitiva do *Parnaso de Além-Túmulo*, sonetos como "Guerra", "A Dor" e "No crepúsculo da Civilização" podiam ser retirados — para evitar, como realmente havia, repetição dos temas; mas, aqui, não. E para o regozijo dos que amam Augusto dos Anjos e gostariam de reler, ou conhecer, aquelas belas peças literárias, vêm elas adiante transcritas.

Primeiro, "A Dor", na sua forma primitiva, que, na edição de 1955, apareceria com a segunda quadra inteiramente mudada, com alterações radicais. Lembra-nos o célebre soneto sobre a Idéia, que não se sabe donde vem e, no final, esbarra, no "mulambo da língua paralítica". Ei-lo:

## "A DOR

Donde vem essa força absoluta,
Que é a dor insaciável que estraçalha
Com a inflexibilidade da metralha,
Que inutiliza os corpos para a luta;

Clava feroz, terrivelmente hirsuta,
Com antropofagismos de batalha,
Ferindo aritmética, sem falha,
E que incessantemente nos perscruta?

Não nasce de um desígnio divino,
Nem de fatalidades do destino
Que destrói nossas células sensitivas;

Vem-nos dos próprios males que engendramos,
Em cujo ignoto báratro afundamos,
Através de existências sucessivas."

Agora, o soneto

"GUERRA

A torva geração do Ódio e da Guerra,
Embora a Paz suavíssima a conclame,
Faz dos homens do mundo amargo e infame,
Assanhados carnívoros da Terra.

É a alma da besta que se desenterra
Dos milênios de treva e de gravame,
Sem um raio de Paz e Amor que a inflame
No cárcere de sombra em que se encerra.

Besta que pede em tom grave e profundo,
Carne para os prostíbulos do mundo,
Carne para os canhões da luta inglória;

E em vão reclama luz a Humanidade,
Porque o monstro da infâmia e da impiedade,
Grava com lodo as páginas da História."

Nenhuma emenda, como aconteceu com "Número infinito" e, também, com "No crepúsculo da Civilização". O soneto "A Dor" teria correções na segunda quadra, que não logramos decifrar, por incompletas. Entre os sonetos "Guerra" e "No crepúsculo da Civilização" houve, com efeito, repetição dos temas, e quase até de versos inteiros, como, por exemplo, no primeiro: "A torva geração do Ódio e da Guerra" e, no segundo: "A civilização do ódio e da guerra". As rimas são quase as mesmas: no primeiro — Guerra, Terra, desenterra, encerra, e conclame, infame, gravame, inflame; no segundo: guerra, Terra, encerra, aferra e gravame, infame, conclame e reclame... Um tinha mesmo que sair do livro. Saíram os dois. Aqui, também, sem retoques:

## "NO CREPÚSCULO DA CIVILIZAÇÃO

A civilização do ódio e da guerra,
Amortalhada em trevas e gravame,
Ressuscita o dragão horrendo e infame
Que multiplica as lágrimas da Terra!

Por mais se esforce a fé e se conclame
A humanidade às luzes que ela encerra,
Mais surge o homem terrestre que se aferra
Ao ódio, embora o Espírito reclame.

Sob as ciências tristes e bastardas,
Chora a viuvez ao coro das bombardas,
Troa o canhão, de novo brande o açoite!

E o Mestre Amado, como Jeremias,
Chora sobre o amargor dos vossos dias,
Antevendo o pavor da vossa noite."

São versos que têm mensagem, pois não esteve a civilização quase em ruínas, quando houve a II Guerra Mundial? Sempre não têm havido guerras e rumores de guerras no mundo Terra? Não perdura, sob nosso triste planeta, as ameaças de uma nova guerra, ainda mais terrível do que a que exterminou cidades como Nagasaki e Hiroshima, do Japão? Augusto dos Anjos veio, do "mundo dos mortos", unir sua voz às vozes que clamam contra a destruição do mundo, da vida, e sua mensagem, em ambos os sonetos, é altamente cristã, é significativamente oportuna, e eterna! Emmanuel achou por bem retirá-los do *Parnaso*, tão-só porque têm os mesmos temas, e nós acrescentamos, as mesmas rimas, e estava, como sempre, com a razão. São versos que identificam, contudo, e bem, o seu autor.

7 — Agora, Auta de Souza, a poetisa do Rio Grande do Norte, tão ligada, desde sempre, a Jesus e à Virgem. No soneto "Contrastes", o primeiro verso do último terceto foi alterado para "Que o coração dormente, a pleno gozo". Antes, estava: "*Que aquele que* envenena-se no gozo". Envenena-se no gozo? E a repetição do *que* não soava bem. Em "Carta íntima", o quarto verso da segunda quadra deixou de ser "Não te guardes no espírito mesquinho!" Belo, o que prevaleceu: "Almas saudosas do Celeste Ninho!"; "Mensagem fraterna", no último terceto, está, agora, *sob* e não *como* "a linguagem pura e peregrina"; "Em êxtase", um belo poema, o verso "Sorvendo a luz do cálix da harmonia", que aparecia na primeira e na última quadras, passou a ser "no cálix da harmonia".

8 — Em Bittencourt Sampaio, sempre louvando a Virgem, no seu "Às filhas da Terra", soneto, o verso "E encontrareis no íntimo das almas" foi retificado para "E encontrareis, em vossas próprias almas". Ela, a Rainha dos Anjos, meiga e pura, conhece as lágrimas penosas das Filhas da Terra: mães, irmãs, esposas. Daí o último terceto, a forma nova: "Não conserveis do mundo o brilho e as palmas, e encontrareis, em vossas próprias almas, a alegria do reino de Seu Filho!" No poema "À Virgem", quase no seu final, o verso "Cremos em vós, na vossa alma magnânima!" foi trocado para: "...alma divina!"

9 — Cármen Cinira: pequenos consertos em "Cigarra morta". Ficou: "Como cigarra que era, a falta das canículas doiradas sob a luz de ridente primavera". No lugar de *sob a luz*, estava *pela luz*; em "Aos Espíritos consoladores", o correto seria "No auge do meu sofrer, nos meus penares". Estava: "Do auge no meu sofrer". Em "À Juventude", o verso "Pois após os trabalhos terminados" ficou redigido assim: "Porque depois dos sonhos terminados". À juventude linda e ardente cabe zelar pelo plantio das flores perfumadas da virtude. Após os *traba-*

*lhos* ou depois *dos sonhos*? Ao nosso ver, num ou noutro, ou em ambos — trabalhos e sonhos.

10 — Em Casimiro Cunha, também pequenos reparos. Em "Anjinhos" ("Eles são bem mais felizes", para — "São mensageiros felizes"; "Pois que vivem imortais", para — "Resplandecendo imortais"; e "Infiltrando-vos coragem", para — "Insuflando-vos coragem"); em "Supremacia da Caridade" ("Que nos alça para Deus", para — "Que nos eleva até Deus"); em "O beijo da morte" (é esse o título do poema, e não "O beijo da morta", como saía anteriormente), o verso "Na existência de Jesus", passou a ser "Na devoção de Jesus". No poema "Aos companheiros da Doutrina", na última quadra, foi mudado de "Pois que em vosso coração vivais o labor profundo", para — "Que no altar do coração tenhamos o amor profundo". Por fim, em "Flores silvestres", o verso da sexta quadra — "Os corpos ébrios de gozos", ficou sendo: "E frontes ébrias de gozos".

11 — Em Casimiro de Abreu, ainda pequenos retoques. Em "Lembranças", na sexta estrofe, uma inversão, porque o poeta usou sempre versos entrelaçados, *modinha* rimando com *moreninha*. Ficou assim: "Inda ouço os sons primeiros da tua voz na modinha". Em "A Terra", na terceira estrofe, não era "Com páginas de *esplendor*", mas de *resplendor*. Na maneira antiga, o verso ficava de pé quebrado. Em "A minha terra", também na terceira estrofe, saiu o verso "No meio do ouro do Sol!", e entrou: "Douradas à luz do Sol!" Ainda: em "Recordando", na última estrofe, "Que é a Imortalidade", passou a ser "Na excelsa Imortalidade". Também em "A Terra" houve outra correção. Em vez de "A olhar-se toda orgulhosa no grande espelho do mar!", ficou assim: "... espelho do grande mar!"

12 — No poema "A Morte", de Castro Alves, houve uma inversão de dois versos. Era assim: "Então, implacavelmente, fiz a Europa ensangüentada diante de tanto

horror, ajoelhar-se humilhada", ficou assim: "Então, implacavelmente, fiz a Europa ensangüentada ajoelhar-se humilhada, diante de tanto horror". Outro verso modificado: "Conduzo almas aos céus". Ficou sendo: "Conduzo seres aos Céus".

13 — Cruz e Souza conheceu mudanças em quase todos os sonetos que aparecem no *Parnaso*: Em "Glória aos humildes", no primeiro verso do segundo terceto, de "Sede humildes nas úlceras, na algema" — para: "Não maldigais a ulceração da algema"; em "Felizes os que têm Deus", o primeiro verso do primeiro terceto, de "Felizes os que têm Deus nessa batalha", para — "Feliz o que tem Deus nessa batalha". Problema de métrica. Em "A sepultura", que assim principia: "Como a orquídea de arminho quando nasce", não era de *arminho*, mas orquídea branca. Em "Nossa mensagem", estava, no segundo verso da primeira quadra: "Que nós mandamos da imortalidade"; agora é: "Que endereçamos da imortalidade". Em "Aos tristes", estava: "Alma triste e infeliz que se tortura no momento que punge e dilacera", não era *momento*, mas *tormento*, daí a correção. Em "À dor", na primeira quadra se lia: "Os calcetas dos erros, dos pecados, como eu, de um pretérito de crimes" agora se lê: "Os calcetas dos erros, dos pecados, que surgem do pretérito de crimes". Em "Noutras eras", começa "Eu marchei pelas estradas flóreas", numa falha de métrica, que não podia ser atribuída ao poeta, corrigiu-se para "Também marchei pelas estradas flóreas". No mesmo soneto, no primeiro terceto, houve outro reparo: de — "Para cair nos torvos desenganos de um destino cruel, fatal e avaro", para — "Sucumbindo aos terríveis desenganos do destino cruel, fatal e avaro". Em "Ouvi-me", na primeira quadra, de "Tempestades do mundo, sob as dores que se assemelham aos raios das tormentas", para — "Desventuras do mundo, sob as dores de misérias, batalhas e tormentas..."

14 — Guerra Junqueiro precisou destas emendas, que anotamos em seguida: Em "Um Quadro da Quaresma",

na parte onde se lê: "Caríssimos irmãos!" Nós somos sobre a Terra os únicos cristãos. Fora das concepções altíssimas da Igreja, apenasmente está o Inferno que despeja", saiu "apenasmente", mudado para "Existe tão-somente". Outros versos alterados, dessa longa poesia: "...a fé é o escudo que vos há de livrar dos grandes tentadores". *Grandes* foi trocado para *gênios*: gênios tentadores. Ainda: "Precisais cultivar o sentimento eterno", ficou sendo: "...o nosso dogma eterno"; "O Papa é o hífen de luz do arcano da Trindade", mudou para — "Que é o traço de união do arcano da Trindade". Em vez de "Amai a caridade, a humilde singeleza. Jesus amou no mundo a vida da pobreza!", ficou: "Amando a caridade, a humilde singeleza, como Jesus amou a glória da pobreza!" e "Preconizando a Fé, a Ignorância e a Prece", alterado para — "E abominando o Cristo, o Senhor que ele esquece". Em "Romaria" (Passeio matinal), na sexta quadra, o primeiro verso estava "E Deus que fez a flor..."; a flor foi substituída por "o Sol". Ainda: de "Que irmana a fera e a flor, as aves e os chacais", fez ver que a flor, aí, era *a rosa* e "As venturas e a paz nos braços de Jesus!" que se tornou "O sol primaveril da graça de Jesus!"; em "O padre João", onde se lia: "Tu, que esqueces a alma e endeusas a matéria, que transformas o padre em trapo de miséria, um farrapo de sombra exótica e execrável, um fantasma ambulante em treva interminável!", passou a ler-se: "Torturas a verdade, endeusas a matéria, e transformas o padre em trapo de miséria, num farrapo de sombra, exótica e execrável, num fantasma ambulante em treva interminável!" No poema "A um padre", estava, antes: "Que impelem o coração ao nobre sacrifício"; tornou-se, depois: "Abrindo o coração ao nobre sacrifício". O poema retirado: "Contra a Besta Apocalítica". Estava escrito no final da página: "Wantuil: Emmanuel é de opinião que devemos retirar esta página do livro." E devia mesmo. A violência da linguagem de Junqueiro contra o dogma inquisitorial, o concílio, lembrando *o bornal dos trinta dinheiros* (o grifo é nosso), aludindo ao "mercador do altar", são versos que realmente identificam o poeta de Freixo de Espada à Cinta, do querido Portugal, poeta que sofreu grande influência de Victor Hugo e usou o seu talento no combate ao catolicismo. Hoje — estamos convictos disso —, o autor de *A Musa em Férias* e de *Os Simples* não escreveria assim. Repetimos, porém, aqui, a primeira quadra do poema, a que tudo explica, o zelo de quem nos legou aquele *A Velhice do Padre Eterno*, tão irônico, que era a alegria de muita gente e causou ojeriza aos amigos da sacristia:

"Não vos admireis que eu volte novamente,
Terçar a arma da fé, do amor, da liberdade,
Em favor do porvir de toda a humanidade,
Tendo o espírito em paz, esperançoso e crente."

15 — Em João de Deus, também vimos alterações no soneto "Lembrai a chama". Na primeira quadra, no terceiro verso, estava: "Não esqueçais a *Excelsa Caridade*" e ficou: "Nunca olvideis a Excelsa Claridade, que reside convosco em noite escura". A claridade... reside em noite escura? A Excelsa Caridade tanto pode estar na luz como no escuro da vida. No longo poema "As lágrimas", ligeiras mudanças: De "O que padece, julgando crer que o está a ver, o paraíso" — para "...Julgando crer *que* está a ver o paraíso", e, de "Reconheci que por aí na ingrata Terra", para "...escura Terra". No poema "O mau discípulo", nas edições anteriores faltou um verso, colocado na 6ª edição: "Desanimado, desamparado, só encontrava consolação nas lágrimas tristes que derramava" — faltava: "...Em profusão".

16 — José Duro: No soneto "Aos homens", no primeiro terceto, estava: "Tomé, põe tua mão na tua própria chaga"; mudou para: "...coloca as mãos na tua própria chaga". No "Soneto", estavam invertidos os dois primeiros versos do último terceto. Corrigido, ficou: "Mas depois a oração libertou-me da pena, e pude, então, voar para a mansão serena".

17 — Júlio Diniz: Em "Poesia", na segunda estrofe, no último verso: de "Das paisagens pastoris!", para "Dos cenários pastoris!"; na terceira estrofe, quinto verso: de "A mocidade se amando", para "Jovens felizes amando". Também em "O Esposo da Pobreza", sofreu alterações, como se constatam: "Com grãozinhos em farturas, entre as flores e entre os galhos, que se alimentam de orvalhos que lhes descem das alturas", passou a ser: "Nos celeiros da fartura, saltando de galho em galho, buscando a graça do orvalho, bênção do Céu, doce e pura". E no mesmo poema, logo a seguir: de "Estuando de força e vida, as seivas misteriosas", passou a ser: "Exaltando a força e a vida, a seiva misteriosa". Resultou daí a troca de "E as ânsias cariciosas", para *"E a ânsia cariciosa"*, no singular.

18 — Luís Nicolau Fagundes Varela: No seu longo poema "Imortalidade", à feição de "Cântico do Calvário", na estrofe que começa "Ah! Morte!... A Morte...", no último verso, era "Na cruz das asperezas mais austeras", virou: "...dos sofrimentos mais austeros".

19 — Marta, a modernista, também precisou de retoques: em "No Templo da Morte", de "Aliviai-me esses atrozes padeceres!...", para: "Apaga os meus atrozes padeceres!..." No poema "Lembra-te do Céu", está incompleto um verso e foi devidamente terminado: "A tua inteligência *e o teu sentimento*". O verso "Se o polvo da fraqueza te envolver em seus tentáculos", foi mudado para "Se a fraqueza te envolve em seus tentáculos".

20 — Olavo Bilac, o parnasiano: mudanças em dois dos seus sonetos lapidares. Em "Ideal", os últimos versos dos dois tercetos: de "Entre os peitos exânimes e aflitos!...", para — "Nas lágrimas de dor do peito aflito!..." e de "Busca o beijo de luz dos infinitos!" para — "Sente o beijo de glória do Infinito!..." Em "A crucificação", no último terceto, de "E alça aos céus a voz tristonha e compassiva", para "E clama para os Céus em prece compassiva".

21 — Pedro de Alcântara — D. Pedro II —: No soneto "No exílio", o primeiro verso do primeiro terceto saiu: "Ê o desterro a terra da amargura", e entrou — "Jaz no desterro a plaga da amargura"; em "Oração ao Cruzeiro", a palavra *verdade*, do terceiro verso do primeiro terceto, foi trocada para *bondade*; no soneto "Brasil", os dois últimos versos — "Está na compreensão clara e serena da Fé, da Paz, da Luz e da Verdade", *serena* não rimava com *problema*, daí a correção para: "...compreensão clara e suprema do Trabalho, do Amor e da Verdade".

22 — Agora, Raimundo Correia, apaixonado pela forma, um dos nossos principais poetas parnasianos. Um dos seus "Sonetos", o I, teve alterado o segundo verso da segunda quadra: de "Da dor que rouba a ilusão, a graça", para — "Da dor que lhe envenena o sonho e a graça". Nos tercetos, modificações apropriadas: de "Num indefinível sonho de mãos frias...", para "Depois do pesadelo das mãos frias..." e "Como o pequeno anjinho que renasce, chora ou sorri, e é como se encontrasse a luz primeira dos primeiros dias". Ficou sendo: "E como o anjinho débil que renasce, chora, chora e sorri, qual se encontrasse à luz primeira dos primeiros dias".

23 — Souza Caldas. Faltava um verso na segunda estrofe de "Ato de contrição", e foi o mesmo colocado: "Meu Pai, bem sei que mal andei, buscando o erro e a *imperfeição*".

24 — No poema "O nobre castelão", de Um Desconhecido, poesia modernista, algumas palavras foram substituídas: *confusões* por *turvação* — "Imerso em turvação"; em vez de *terríveis* é, agora, "Terrível maldição". Vários versos foram trocados, em seguida: em vez de "Que tem para ti neste momento de amaro sofrimento, somente maldições", este: "Que hoje te envolvem os lúridos momentos em rudes sofrimentos e estranhas maldições". Ainda: "Porque é que aquelas flores tão formosas que na Terra colheste, nunca as ofereceste às almas des-

ditosas?" Agora é: "Por que ocultaste as flores formosas que na Terra colheste, flores lindas que nunca ofereceste às almas desditosas?"

E foi só, ao que parece.

Definitiva a edição de *Parnaso de Além-Túmulo*? As alterações, em nosso humilde modo de entender, são válidas — e melhoraram, sobremodo, em muitos pontos, os versos dos nossos poetas. Sobre temas e imagens e estilos, diremos algo no próximo capítulo — "Mensagem harmoniosa". E as exclusões? Lamentamos que tenham sido excluídos da obra os quatro sonetos de Augusto dos Anjos, mas, como não obedeceram a uma *ordem*, tanto que Chico Xavier dizia, nas suas notas: "Wantuil, Emmanuel é de parecer... é de opinião...", achamos que, ouvidos os interessados — Augusto dos Anjos e Emmanuel, de um lado, e Chico Xavier, de outro, voltem eles, aqueles belos sonetos, a uma edição futura. São versos perfeitos, que identificam o autor espiritual. A idéia de retirá-los foi para não se repetirem os temas — dor e guerra —, que sempre existirão em nosso plano, enquanto a Terra for mundo de provas e expiações. E manda a Pedagogia moderna que a lição seja muitas vezes repetida, até ser assimilada pelo aluno.

Definitiva a edição do *Parnaso*? O volume I, talvez, porque, para nós, o famoso livro, que começou um magro livrinho de 156 páginas, aos 50 anos passou a ter 510 páginas. Em nossa idéia, que não é *definitiva*, novo volume, o II, já podia ser organizado, com o que há de esparso em jornais e revistas espíritas — só poesia psicografada pelo Chico — ou divulgadas em livros vários, de Autores Diversos, como *Poetas Redivivos*, *Antologia dos Imortais*, *Antologia Mediúnica do Natal*, *Trovadores do Além*, *Trovas do Outro Mundo* e outros e em livros como *O Espírito de Cornélio Pires*, *Volta Bocage*, os de Casimiro Cunha, etc. Formaria um volume maravilhoso, tão convincente como o que conhecemos! Um III volume poderia ainda ser preparado, este com versos recebidos por outros médiuns, entre os quais se sobressairiam Porto Carreiro Neto, Waldo Vieira, Dolores Bacelar, Newton Boechat, Hernani T. Sant'Anna, o ainda quase desconhecido Paulo Alberto de Aquino Ney, de Campos, etc. Formaria um conjunto de livros notabilíssimo, que enriqueceria, mais ainda, a bibliografia do Espiritismo no Brasil.

# VI — MENSAGEM HARMONIOSA

Mensagem harmoniosa dos poetas que amaram e sofreram — eis a poesia do *Parnaso de Além-Túmulo*, e toda poesia é, aliás, essa mensagem nova — e antiga como o próprio mundo — que de amar e sofrer se fazem as existências, dos grandes e poderosos, e dos humildes. Amar sem sofrer, impossível. Sofrer é, em verdade, amar: amar a Deus ou amar a alguém de todo o coração — ou amar só a si mesmo, o que não é louvável.

E que vieram dizer os nossos irmãos, hoje vivendo em regiões luminosas? Respostas que muitos esperam, em vão, sobre os *problemas do ser, do destino e da dor* — a preocupação maior do filósofo de *Depois da Morte* e *O Grande Enigma*, Léon Denis; notícias sobre a outra vida, que muitos acreditam de eterna beatitude ou de punição eterna; o conhecimento mais amplo das possibilidades humanas, que a vida não termina mesmo com a morte do corpo. E revelam como andaram errados em duvidar das lições da fé, e lamentam o tempo perdido no mundo, na conquista das coisas transitórias, quando o importante, o básico, é adquirir os tesouros que a ferrugem não consome, as traças não roem, os ladrões não roubam, como pedia o Cristo de Deus. Dizem que não deviam ter trocado o conhecimento da verdade pelo prazer sensualista e obscuro. Que a carne, o eterno símbolo do Hades é onde o espírito clama, sofre e chora, no dizer de Augusto dos Anjos, o poeta do *Eu*.

Muitas coisas disseram os Espíritos-poetas, referindo-se a Jesus, o Cristo, a Deus, o Senhor, sobre a vida na morte, e sobre a Crença, a Fé e a Esperança, sobre a Caridade, que tem a supremacia sobre todas as virtudes, e sobre a Dor, a Luz, o Céu, a Paz, o Amor, entre outros temas.

Antes, porém, de um exame, mesmo superficial, sobre as idéias dos Espíritos, ventiladas no *Parnaso*, anotemos o que ainda nos disse Humberto de Campos, Espírito, em "De pé, os mortos!", página divulgada nas sucessivas edições do livro extraterrestre:

"...Nas minhas atuais condições de vida, tenho de destoar da opinião que já expendi nas contingências da carne.

Os vivos do Além e os vivos da Terra não podem enxergar as coisas através de prismas idênticos. Imagine se o aparelho visual do homem fosse acomodado, segundo a potencialidade dos raios X: as cidades estariam povoadas de esqueletos, os campos se apresentariam como desertos, o mundo constituiria um conjunto de aspectos inverossímeis e inesperados.

Cada esfera da vida está subordinada a certo determinismo, no domínio do conhecimento e da sensação."

Ainda:

"...Cármen Cinira aí está com os seus sonhos desfeitos, de mulher e de menina, Casimiro com a sua sensibilidade infantil, Junqueiro com a sua ironia, Antero com a sua rima austera e dolorosa.

Todos aí estão, dentro das suas características.

Os mortos falam e a Humanidade está ansiosa, aguardando a sua palavra."

Antes, como vimos, já Manuel Quintão dissera o mesmo, com outras palavras.

Depois, Elias Barbosa, vendo a perenidade do *Parnaso de Além-Túmulo*, o estilo de cada um dos poetas no grande livro, em verdade uma das faces do *Parnaso Espírita*, fez uma série de estudos, poeta por poeta, dos que voltaram do Além para o testemunho da sobrevivência.

Aqui, apenas referências, num esforço de síntese. Que o leitor procure inteirar-se do resto, na 10ª edição da obra que exaltamos com orgulho. E tudo, com vistas a documentar a autenticidade da psicografia de Francisco Cândido Xavier, o que conseguiu à saciedade. Quem melhor do que Elias Barbosa, já com grande ficha de serviços prestados ao Espiritismo, poderia tentar essa análise de um livro incomum como o que Chico psicografou, quando era pouco mais que um menino? Dá-nos uma visão panorâmica da poesia mediúnica luso-brasileira. No *Parnaso de Além-Túmulo* a contribuição doutrinária ao Espiritismo é vasta e importante, e o erudito analista viu a poesia psicografada com olhos de crítico e alma de poeta:

1 — Abel Gomes, em *Reformador*, publicou versos alexandrinos com o mesmo esquema rítmico com que o poeta comparece através do médium Xavier.

2 — A. G. é excelente poeta simbolista, que a musicalidade dos versos é fluente e encantadora.

3 — Albérico Lobo ("...a morte só existe para os que não souberam viver...") é poeta espontâneo de sons vocalizados.

4 — Em Alberto de Oliveira viu a temática e o aspecto formal.

5 — Em Alphonsus de Guimaraens chamou a atenção dos críticos para todas as palavras do ideário católico que existem nas peças mediúnicas.

6 — Em Antero de Quental, as mesmas imagens do poeta que se abeberou no Nada, na Morte, em Deus, na Ciência, na Filosofia, na Religião, etc.

7 — Alma Eros, de profundo ensinamento, atenuou o tom discursivo da mensagem poética com sua estruturação poemática.

8 — Álvaro Teixeira de Macedo, num grito de alerta contra o culto da mentira, fez um belíssimo jogo de aliterações em *f*, *d* e *t*: "Oh, como somos tristes,/tão terrivelmente tristes,/ao fim das noites alegres!"

9 — Sobre Amaral Ornellas fez suas as palavras de Manuel Quintão em *Reformador*, de 1918: "fugindo a essa tendência contemporânea que a precipitação perfilha, pensa maduramente o assunto de seus versos e deixa, por isso, de cair em delíquio de exuberância, em malabarismo palavroso..."

10 — Em Antônio Nobre, o triste poeta do *Só*, lembrou o gosto obsessivo pelos diminutivos, que na obra terrena é freqüente, desde os *Primeiros Versos* até *Despedidas*: os diminutivos são utilizados pelo poeta, abusivamente, "vocábulos grávidos de carga poética": "ceguinho", "coitadinho", "corpinho", "esmolinha", "alminhas", etc.

11 — Com relação a Antônio Torres, disse: "... o Espírito comparece à organização mediúnica, não somente para dar testemunho de que é *ele mesmo* do ponto de vista formal, surgindo como autêntico poeta simbolista (ressalte-se o gosto pelas maiúsculas e a musicalidade dos versos, a prevalência das vogais abertas, as aliterações, etc.), mas, e sobretudo, sob o ângulo temático."

12 — Em Artur Azevedo, sempre visto como teatrólogo por excelência, fez ver que "tanto nos versos que deixou quanto nos que estamos analisando, o fator *tempo* está presente e, a nosso ver, não poderia faltar, assim como o *espacial*, por se tratar de peças poéticas encharcadas do *húmus* teatral". Sobre o poeta, acrescentou: "... ousamos perguntar ao leitor: o que é o tríptico mediúnico ("Minia-

turas da Sociedade elegante"), senão a súmula de toda a obra de Artur Azevedo, isto é, a demonstração de que continua, no Além, a observar as falhas da legislação vigente, no que tange aos casamentos de conveniência e à predominância do patriarcalismo, gerando um clima falso de moralismo, não o *reiner Moralismus* de Fichte, mas no seu sentido vulgar?"

13 — Augusto de Lima, nos versos psicografados por Chico, manteve "a mesma "franciscana suavidade", surge (nele) a imagem alada, já agora se referindo a Anchieta, em metros mais curtos".

14 — Sobre Augusto dos Anjos, uma nota longa, onde cita M. Cavalcanti Proença — "O Artesanato em Augusto dos Anjos" —, examinando seus decassílabos, subesdrúxulos, a estrofação, a rima, aliteração, sibilação, densidade, *enjambements*, justaposição de tônicas, licenças, aposição, e dá a bibliografia sobre o poeta.

15 — De Auta de Souza preparou alguns dados estatísticos e declara: "...a Autora, no Além, continua preferindo a forma fixa do soneto às demais formas poéticas, de modo geral, adotando a mesma estrutura rítmica e estrófica e, curioso que pareça, com a mesma temática."

16 — B. Lopes — "Os sonetilhos mediúnicos, dentro do esquema rímico que era habitual ao poeta", como nos "Cromos".

17 — Batista Cepelos: encontramos na sua obra terrena — disse — o uso abusivo de comparações ao invés das próprias imagens, além do *enjambement* de que se servia com mão de mestre e, mediunicamente, serviu-se do mesmo processo, dono de imagens como "brando afago/da Luz, que está na dor depuradora" e "beber no cálix da matéria/as essências das dores renegadas!"

18 — Belmiro Braga: na produção mediúnica identifica a "mesma "espontaneidade e simplicidade" da poesia terrena".

19 — Bittencourt Sampaio: como já dissera Sílvio Romero — "destaca-se o poeta pela melodia do verso e pela intenção da sua poesia".

20 — Cármen Cinira: "...versos de grande beleza, de metros vários, servindo-se do *enjambement* com mestria e de rimas ricas."

21 — Casimiro Cunha: "...sempre se servindo da redondilha maior, metro em que o poeta se especializou, no Além", e: "Em antíteses primorosas, o poeta nos mostra, através de hexassílabos bem estruturados, a vida nos seus aspectos ântumo e póstumo."

22 — Casimiro de Abreu, no dizer do Prof. Sousa da Silveira: "O estilo de Casimiro encanta: suave, espontâneo, simples, conciso, claro, adequado à ternura dos seus sentimentos de amor e de saudade, à tradução de uma dor profunda, mas, quase sempre, serena."

23 — Castro Alves: com suas palavras estruturantes, trinta pequenos vocábulos — todos monossílabos poéticos — que, "por incrível que pareça, são o suporte e a coluna-mestra da sua tão decantada e nem sempre compreendida grandiloqüência", no dizer de Mário Chamie — "Para o poeta, revolucionar é educar; a revolução consiste na educação."

24 — Cornélio Bastos: ressaltou, nele, o uso do imperativo.

25 — Cruz e Souza: "... não somente em seus magníficos sonetos, mas em páginas de prosa, deixou patenteada essa vocação apostolar, essa necessidade interior de superar as dificuldades para cumprir determinada missão da qual tem conhecimento apenas inconscientemente."

26 — Edmundo Xavier de Barros: "Servindo-se das mesmas construções hipotácticas ou fortemente subordinadas que lhe caracterizaram a produção poética, máxime no célebre soneto "Análise da Lágrima".

27 — Emílio de Menezes: "...sonetos que trazem a marca inconfundível do mestre de ontem."

28 — Fagundes Varela: "...versos soltos ou brancos, à maneira do que fez em "O Cântico do Calvário", a mais bela elegia já escrita em Língua Portuguesa", e: "Varela se mostra ele mesmo, na Espiritualidade a percorrer regiões e regiões, contemplando Vias-Lácteas, astros portentosos, humanidades e humanidades povoando o Universo esplendoroso..."

29 — Guerra Junqueiro: "...a produção mediúnica, no que tange ao aspecto formal, já que o temático salta aos olhos e dispensa qualquer observação a mais da que o próprio leitor possa fazer."

30 — Gustavo Teixeira: "...a maioria em versos alexandrinos, estudando, principalmente, passagens do Evangelho, detendo-se em vários deles na figura de Madalena, o esquema rímico predominante foi o utilizado após a morte."

31 — Hermes Fontes: deixou "a marca inconfundível de seu talento... Em "Hino à Perfeição", de seu *Despertar!*, há gritos semelhantes aos que se encontram no "Poema" mediúnico".

32 — Ignácio José de Alvarenga Peixoto: "...simpatia humana junta a uma arte em que se nota a insistente procura da expressão e imagem nova..."

33 — Jesus Gonçalves: poesia autobiográfica que se inicia com "Uma Vida", passando para "Eu", depois que se tornou espírita.

34 — João de Deus: "...a própria razão de ser da expressão poética de João de Deus está na luz, cujo anseio é vital — de um vital poético, bem entendido, de um vital para a poesia."

35 — José do Patrocínio: "O belíssimo soneto mediúnico, em perfeitos versos alexandrinos, é a confirmação de que, no Além, continua o Autor pugnando pela Abolição, não mais da escravatura, pois que não mais existe a "senzala hostil, escura e desumana", mas da que consiste no combate à descrença para que se desfaça a incompreensão do amor e se espanque a treva com a luz dos ensinamentos evangélicos."

36 — José Duro: "Em belíssimos alexandrinos, o poeta vem-nos dizer da nossa ignorância frente ao mistério da vida e de sua própria experiência na travessia do túmulo."

37 — José Silvério Horta, padre: "Oração", a nosso ver — disse Elias —, é a mais bela tradução em versos do célebre "Pai Nosso".

38 — Júlio Diniz: "... volta o poeta de ontem, como que explicitando "A Esmola do Pobre", dentro do mesmo tema — a pobreza — exaltando a expressão maior da caridade — Francisco de Assis."

39 — Juvenal Galeno: "O poema mediúnico, a nosso ver, é uma obra-prima. Somente um poeta de escol poderia compô-lo. O primeiro verso (antecanto) é o mesmo último verso (bordão) de cada sextilha. Somente, repetimos, a mão de um mestre, poeta popular por excelência, poderia escrever página semelhante."

40 — Leôncio Correia: "Poeta que fora espírita quando ainda na Terra" — e repetiu "Renascimento", de *Frauta de Outono.*

41 — Lucindo Filho: "...cromatismo luminoso que ressuma do belíssimo soneto "Sem sombras" e de como a maioria dos ictos dos decassílabos recaem em vogais que denotam a claridade que existe além da noite escura do túmulo."

42 — Luiz Guimarães Júnior: Seus dois sonetos mediúnicos, do ponto de vista formal e temático, guar-

dam aquela presença inconfundível do poeta que vazou aqueles quatorze versos célebres, dedicados à irmã dele, D. Isabel Guimarães.

43 — Luiz Murat: "No prefácio de *Ondas II*, há um trecho de Luiz Murat que bem justifica o soneto mediúnico... o poeta, revoltado contra a sociedade de seu tempo."

44 — Luiz Pistarini: "Note-se que o poeta, ao longo de todo o soneto ("No estranho portal"), se serve com mão de mestre da aliteração em *t* e *d*, para enfatizar o processo natural da desencarnação, e em *l* no primeiro terceto, no qual há expressivo exemplo de aposiopese."

45 — Marta: "Neste poema ("Nunca te isoles"), em que se misturam versos de metros variados, desde o 3º, um verso bárbaro, um alexandrino com acentuação nas 4ª, 8ª e 12ª sílabas, até um dissílabo, a poetisa utiliza o recurso estilístico — enumeração —, com muita propriedade."

46 — Múcio Teixeira: "Em versos alexandrinos, surge o sonetista de ontem, lançando mão das antíteses, como, por exemplo, em "O Sonho dos Sonhos".

47 — Olavo Bilac: Lembrou Alceu Amoroso Lima: "Sua poesia, especialmente na primeira fase, seria uma exploração de seiva bem humana, bem telúrica, girando toda em torno do Amor, no mundo dos sentimentos e das formas materiais." Sugeriu a leitura de *Vida e Poesia de Olavo Bilac*, de Fernando Jorge; notou a convicção reencarnacionista do poeta, quando ainda na Terra: "Os Sinos", "A um Triste", "Avatara".

48 — Pedro de Alcântara: Os nove sonetos enfeixados no *Parnaso* se referem ao Brasil e ao exílio do poeta "e com que fervor externou ele seu pensamento de gratidão para com a Pátria do Cruzeiro".

49 — Raimundo Correia: repetiu Péricles Eugênio da Silva Ramos: "As características de sua poesia são, pelo fundo, um agudo sentimento da transitoriedade das coisas e insolúvel pessimismo; e, pela forma, perceptível senso das virtualidades vocabulares. Sempre foi considerado um dos grandes do parnasianismo."

50 — Raul de Leoni: "Se pesquisarmos a produção mediúnica de Raul de Leoni — escreveu — verificaremos que toda ela se refere à comprovação do continuísmo da vida após a morte, principalmente o soneto "Não te entregues na Terra à indiferença"... Poeta reencarnacionista como se depreende da sua célebre "Ode a um Poeta Morto", do soneto "Maquiavélico" e de outras produções que deixou enfeixadas no seu único livro."

51 — Rodrigues de Abreu: repetiu Domingos Carvalho da Silva, seu principal crítico: "Qualquer explicação da poesia do autor da *Casa Destelhada* será incompleta se não for devidamente considerada a sua existência humana, modeladora, em boa parte, da sua estrutura psicológica, das suas convicções artísticas e éticas."

52 — Souza Caldas: "A fim de verificarmos o estilo do poeta de ontem, que hoje volta a se utilizar de arcaísmos — imigos —, formas reduzidas — "com o meu esp'rito", "P'ra meu tormento", transcrevemos apenas algumas estrofes da sua célebre "Ode ao homem selvagem". E transcreveu a 1ª (Estrofe), a 6ª (Antístrofe) e a 6ª (Epodo).

53 — Um Desconhecido: "Meditando", "O nobre castelão", "Nesga de Céu" — antecipou o movimento de Poesia Concreta, que surgiu em 1956, no Brasil.

54 — Valado Rosas: "...alerta-nos o poeta para a necessidade da obediência aos princípios evangélicos, valorizando a prece para que possamos escutar "as vozes claras/Da consciência", e, tanto quanto possível, preparar-

-nos para a obtenção da paz na morte, imersos na luz do Além, após a travessia do "mundo ingrato", mas redentor." Ainda: "...o bardo português recorre ao difícil processo das rimas entrelaçadas, que só os grandes poetas conseguem utilizar, sem prejuízo do dinamismo expressivo e sem quebra do fluxo poético."

Analisados — por quem soube fazê-lo — os estilos e as personalidades dos poetas do *Parnaso*, voltemo-nos para seus temas, suas imagens. Fizemos ver, no início deste capítulo, que eles se inspiraram em Cristo, em Deus, na morte e na vida espiritual, no Amor, na crença consoladora, na Verdade, na Fé, na Esperança e na Caridade, e, ainda, na Luz, na Paz, na Fraternidade, na Alegria e na Dor, em Maria Santíssima — Rainha do Céu —, nas almas sofredoras, no Além, no Nada — filosofia rude e amara.

Lacuna imperdoável seria, se não trouxéssemos para estas páginas, pelo menos de um modo rápido, as idéias dos Poetas do Outro Mundo — mensagem harmoniosa que tem mesmo algo de um novo Pentecostes.

Na impossibilidade de focar todos os temas — oportunos e importantes —, trazemos o que disseram os mortos, ex-mortos, sobre Jesus, o Cristo, inicialmente. Muita coisa disseram, às vezes numa forma sublime.

— É o Excelso Companheiro, para Abel Gomes, em "Temos Jesus"; "conceda reconforto aos corações amados que ficaram!" — diz Albérico Lobo, em "Do meu porto"; "a alma pobre, entre escombros, sente o Mestre do Amor que lhe mostra nos ombros a grandeza da cruz que ilumina e socorre" e, "do mundo é a escuridão, que sepulta a quimera... e no escuro bulcão só Jesus persevera, como a luz imortal do amor que nunca morre" (Alberto de Oliveira, "Jesus"); ainda o grande parnasiano: "Só Jesus tem nas mãos o farol do Universo" ("Do último dia"). "O coração em luz, evolando-se puro ao seio de Jesus" — disse Augusto de Lima, em "O doce missionário". E o outro Augusto: "A alma pura do Cristo" ("Vozes de uma sombra"); "Sem o raio de luz da crença amiga: desventurado aquele que prossiga sem o Cristo de Amor no coração" ("Nas sombras"); "...sobre o Calvário áspero e bruto, sangrou Jesus em lágrimas divinas" ("Civilização em ruínas"); "Entre prantos pungentes, o Cordeiro da Verdade e da Luz do mundo inteiro vive o martírio de sua alma augusta" ("Ante o Calvário"). E B. Lopes, em "Miragens celestes": "Dos lábios de anjos formosos, o ósculo de Jesus"; em "Cromos II": "...Jesus bem-amado... O Jesus que ele (o mendigo desprezado) não vê". Belmiro Braga: "...na Terra sombria, que o homem siga a Jesus" ("Rimas de Outro Mundo"); "Todo esforço com Jesus é vida na eternidade" ("Bilhetes") e "Só não vejo desenganos na estrada de Jesus-Cristo" ("Quadras"). Bittencourt Sampaio: "...venturoso aprisco das ovelhas de Jesus-Cristo, o Filho muito amado!" — "...acima de ouropéis enganadores põem o amor de Jesus, eterno e puro!" (os mansos e os humildes) — versos de "À Virgem"; Cármen Cinira: "...com Jesus um espinho tem mil flores!" ("O viajor e a Fé") e "...Rei que se humilhou na manjedoura para amar e servir" — "Desceu Jesus do Céu Resplandecente e imolou-se por nós" — "Visita as chagas negras da mansarda onde a miséria súplice te aguarda em nome de Jesus" — "...Prossegue o Mestre, de viagem, em vão buscando um quarto de estalagem". ("Na noite de Natal"); Casimiro Cunha: "Os tesouros peregrinos, formados de amor e luz do Mestre Amado — Jesus" — "...Jesus, o Mestre da Caridade, o Luzeiro da Bondade, o grande Mestre do Amor!" ("Na eterna luz") — "... filhinhos ternos, quais centelhas luminosas, são as flores mais formosas das moradas de Jesus" ("Anjinhos") — "...tesouros de paz, de vida e luz, no sacrossanto abrigo do afeto de Jesus" ("Quadras") — "A caridade é a expressão da personificação do Mestre Amado — Jesus!" ("Supremacia da Caridade") e, ainda: "... lírio resplandecente do puro amor de Jesus" ("Símbolo") — os humildes "são refletores da bondade de Jesus" ("Flores silvestres")

— "... meus olhos embebedam-se de luz, pelas estradas sublimes da santa paz de Jesus!" ("Ao meu caro Quintão") — "Espiritismo é uma escola, e o Mestre Amado é Jesus" ("Espiritismo") — "No Evangelho de Jesus, feliz quem pode guardar a força de realizar os grandes feitos da Luz" ("Aos companheiros da Doutrina"). Para Castro Alves, "É o sofrimento do Cristo, portentoso, jamais visto, no sacrifício da cruz, sintetizando a piedade" ("Marchemos!"). Cornélio Bastos: "Somente com Jesus a alma cansada volve à praia do amor no mar da vida" e "Não desprezes a Doce Companhia, vai com Jesus! não temas! crê somente!" ("Não temas"). Guerra Junqueiro, sempre anticlerical: "Era o meigo Pastor irradiando a luz, era o Anjo do Bem, o imáculo Jesus" — "... igreja de Jesus, feita de amor e luz", e "Era o festim do amor, no firmamento em luz, que celebrava a grandeza de uma alma que voltava ao redil de Jesus" ("O padre João") — "E no olhar a expressão de todos os martírios: Digna como um juiz, fulgente como a luz que dimana do amor divino de Jesus!" ("Caridade") — "E acharemos no fim da romaria imensa, o sol primaveril da graça de Jesus!" ("Romaria") — "Na silenciosa paz do cimo do Calvário ainda se vê na cruz o Cristo solitário" — "Contemplaram Jesus no cume da colina, multiplicando a guerra, as lutas e a chacina" e "E o Mestre da bondade, o anjo da virtude, estende o seu perdão cheio de mansuetude" ("Eterna vítima"). João de Deus: "Ó Senhor Deus! Faze que a luz do bom Jesus penetre a alma na terra aflita" e "...mensageiros de amor e luz do bom Jesus" ("As lágrimas") — "... os bons, que adoraram a Virtude, gozam do afeto extremo de Jesus" ("Morrer") — "...o bom Jesus, Nosso Senhor, Mestre da luz" e "Seguir Jesus em sua dor, em seu amor, em sua cruz!" — "A eterna luz, do eterno amor do bom Jesus" ("Na estrada de Damasco") — "Distribuía o Mestre os dons divinos da luz do seu Espírito sem jaça" ("No Templo da Educação") — "...Jesus, cheio de amor e grandeza... Jesus ficou nas palhas, sem proteção, por não lhe abrirmos na Terra as portas do coração" ("Na noite de Natal"). Júlio Diniz: "...em estranho gozo (Francisco de Assis) a voz de Jesus ouvia" — "...tesouros de esplendor no terno amor de Jesus" ("O Esposo da Pobreza"). Marta: "Jesus foi na Terra a mais perfeita encarnação do Amor Divino e ainda hoje" "a promessa da Paz", "o manto protetor", "o pão que sacia", "a fonte que desaltera", "a misericórdia personificada", "o Jardineiro Bendito" ("Jesus"). Olavo Bilac: "E debaixo do apodo e ensangüentada a face, toma da cruz da dor para que a dor ficasse como a glória da vida e a vitória suprema" ("Jesus ou Barrabás?") — "Tristemente, Jesus fitando os céus, em prece, vê descer da amplidão o Arcanjo da Agonia" ("No Horto") — "Fita o Mestre, da cruz, a multidão fremente" e "Gritos e altercações! Jesus, amargamente, contempla a vastidão celeste que o reclama" ("A crucificação"). Um Desconhecido: "Era a luz que me vinha da visão de ver o Cristo-Amor, entre cansaços, e tinha então prazer de ver meus braços enlaçados na cruz da provação" ("Meditando"). E Valado Rosas: "...o Evangelho do Cristo amado, — o mensageiro da Perfeição" ("Aos meus irmãos") e "Feliz quem pode na dor terrestre seguir o Mestre com sua cruz" ("Na paz do Além").

Deixei para o final amostras da poesia profundamente mística de Auta de Souza, toda de suave religiosidade, como se ela tivesse vivido sob a nave de um templo, irmãzinha de caridade. Pela via mediúnica — comprovação da vida eterna —, seu estro é, em tudo, igual. Fala-nos sobre Jesus, ou com Jesus, agora serena e jubilosa, ela que sempre amou os pobres desgraçados. No "Em paz", afirmou: "Tanto roguei a paz consoladora ... elevando a Jesus meus pensamentos". E agradeceu a Jesus, doce e meigo, e bondoso, a paz que concedeu ao seu viver tristonho. No "Em êxtase", escreveu: "Aos teus pés, meu Jesus, a vida inteira, abrasada de amor eu viveria, sorvendo a luz no cálix da harmonia, em paz serena, eterna e derradeira!..." E disse que

## "O SENHOR VEM...

E eis que Ele chega sempre de mansinho.
Haja sol, faça frio ou tempestade;
Veste o manto do amor e da verdade,
E percorre o silêncio do caminho.

Vem ao nosso amargoso torvelinho,
Traz às sombras da vida a claridade,
E os próprios sofrimentos da impiedade
São as bênçãos de luz do seu carinho.

Como o Sol que dá vida sem alarde,
Vem o Senhor que nunca chega tarde,
E protege a miséria mais sombria.

Ele chega. E o amor se perpetua...
É por isso que o homem continua
Ressurgindo da treva a cada dia."

Vejamos, também, o que disseram os nossos poetas sobre a *Crença* e a *Fé* que é também *Amor*. Coisas maravilhosas. Palavras confortadoras. De grande sentido espiritual. Em tudo, a Grande Mensagem para nosso tempo, quando o Consolador Prometido por Jesus está, realmente, no mundo, e há, em todos os corações, anseios de fraternidade que trazem a bênção da paz. Alguns versos, ricos de sabedoria:

"Não conservo senão o Amor e a Crença, ante o novo caminho ilimitado": Albérico Lobo ("Do meu porto"); e Antero de Quental: "Crença! Luminosíssima riqueza que enche a vida de paz e de beleza, mas que chega no mundo muito tarde" ("Crença") — "Feliz de quem, na Crença e na Esperança, procura a luz sublime dos espaços, buscando a paz depois das grandes lutas" ("Não choreis") — "Nunca, na Terra, a crença se realiza, porque em tudo, no mundo, o homem divisa a figura das dúvidas que matam" ("Fatalidade"). Antônio Torres: "Crença é o perfume dalma que se enflora com a luz divina, resplendente e rara da Fé, única Luz da única Aurora, que as trevas mais compactas aclara" ("Nada..."). Belmiro Braga: "Entre a fé e o fanatismo, muito espírito se engana" ("Rimas de Outro Mundo"), e numa trova: "Se tens o leve agasalho do santo calor da crença, exemplifica o trabalho sem cuidar da recompensa" ("Bilhetes"). Cármen Cinira: "Ungiram meu coração resignado com o bálsamo do olvido do passado, e com os místicos olores das meigas sempre-vivas da fé mais luminosa e mais ardente..." ("Aos Espíritos consoladores"). Casimiro Cunha: "A fé é a força potente que desponta na alma crente, elevando-a aos altos Céus" e "A fé é um clarão divino, refulgente, peregrino, que irrompe, trazendo a luz" ("Supremacia da Caridade"). Cruz e Souza: "Vós que tendes as rosas da bonança enlaçadas na fé mais doce e pura, ide e pregai, na noite da amargura, o evangelho do amor e da esperança" ("Ide e pregai"). Guerra Junqueiro: "Eu só vos peço a fé, porquanto a fé é o escudo que vos há de livrar dos gênios tentadores" e "Sede firmes na fé, contentes na virtude" ("Um Quadro da Quaresma"). João de Deus: "Porto de Salvação para quem crê nessa Praia do Azul, que se antevê, pelo poder da Fé, na provação" ("O Céu") — "Vós, que tendes a fé que ama e consola" ("No Templo da Educação"). Marta: "Sê a abnegação e a bondade serena, e a tua Fé será um hino constante subindo aos Céus" ("Ao pé do altar").

Os temas *vida* e *morte* são, também, utilizados pelos poetas que voltaram do túmulo, e seria longo enumerá-los, aqui. Sendo, sem dúvida alguma, a prova da sobrevivência da alma, ou Espírito, a razão mesma do *Parnaso*, do seu aparecimento na bibliografia brasileira, não nos podemos furtar de chamar a atenção do leitor para os poemas que tratam da morte como um renascimento, da morte como vida sem fim, a vida etérea. A morte para A. G., um simbolista, é "silenciosa madona da tristeza", "monja de olhar piedoso, calmo e austero", "irmã da paz e da serenidade". Para Alphonsus de Guimaraens, também grande simbolista, e um místico, é, em tudo, igual ao tempo que viveu na Terra: "A morte que nos salva não nos priva de ir ao pé de um sacrário abandonado, chorar, como inda faz a alma cativa!" ("Sinos"). Em "Carta ligeira", Alfredo Nora pediu ao seu amigo Sebastião Lasneau, poeta de Barra do Piraí, esperasse sem alvoroço, pois "além da prisão de osso, a vida real começa". Álvaro Teixeira de Macedo também opinou: "Finda a festa de baldo riso infando, a alma transpõe o túmulo chorando, qual folha solta ao furacão violento" ("Depois da festa"). Amaral Ornellas, que ora a "Ave Maria" — "rosa mística da fé" —, em "O Tempo", esclarece: "Serve sem perguntar por "onde", "como" e "quando", e, nos braços do Tempo, ascenderás cantando aos Píncaros da Luz, no País das Estrelas!" Antero de Quental e Augusto dos Anjos foram os que mais cantaram a morte, como se sabe. E Antônio Nobre, em cantigas sempre novas, como esta que aqui transcrevemos:

"Nas grandes mansões da morte
Inda há romance e noivados,
Venturas da boa sorte,
Corações despedaçados.

Pensei que a morte era o fim
Das ânsias do coração;
Contudo, não é assim...
Nem pó e nem solidão."

Morte que é vida admirável e feliz, ou tormentosa; vida exuberante, à luz do Cristo ou nas sombras do remorso e do mal. Mas vida eterna prometida por Jesus, que é, agora, mais bem compreendida. Vida, vida!

Vários sonetos e poemas do *Parnaso* exprimem a verdade sobre a morte-vida como "Morte", de A. G.; "Aos crentes", de Alphonsus de Guimaraens; "Depois da festa", de Álvaro Teixeira de Macedo; os sonetos de Antero de Quental — "À morte", "Depois da morte" (III) e "Soneto"; as "Quadras de um poeta morto" e "Do Além", de Antônio Nobre; "Vozes de uma sombra", de Augusto dos Anjos e seus sonetos "Homo" (II), "Alter ego", "Espírito", "Vida e morte", "Nos véus da carne"; "Hora extrema", de Auta de Souza; "Versos", "Pensamentos espíritas" e "Sombra e luz", de Casimiro Cunha, e "O beijo da morte", dele também; de Cruz e Souza: "A sepultura" e "Beleza da morte"; "Vida", de Edmundo Xavier de Barros; "Imortalidade", de Fagundes Varela; de João de Deus: "Morrer" e "Além"; "Sem sombras", de Lucindo Filho e "Voltando", de Luiz Guimarães Júnior; "Além ainda...", de Luiz Murat e, por fim, de Olavo Bilac: "Soneto" — "Por tanto tempo andei faminto e errante" e, de Raul de Leoni — "Post mortem" —, verdade da morte que é vida, pois foi isso mesmo que os poetas quiseram demonstrar, cheios de amor pela humanidade — vida na morte, poetas que voltaram da morte, mais felizes, portanto, do que o Lázaro da parábola!

*

A seguir, como numa pequena *Antologia*, alguns sonetos da Vida e da Morte, com que encerramos, com fecho de ouro, este nosso singelo trabalho, convite a outros pesquisadores com mais "engenho e arte" para se abeberarem nesta Castália do Infinito, que a *água da vida* jorra abundante; e não só dela beberem, mas doarem dessa água pura da poesia mediúnica aos que têm sede de paz e de alegria:

## Morte

Silenciosa madona da tristeza,
A morte abriu-me as catedrais radiosas,
Onde pairam as formas vaporosas
Do país ignorado da Beleza.

Num dilúvio de lírios e de rosas,
Filhos da luz de uma outra Natureza,
Que entornavam no espaço a sutileza
Dos incensos das naves harmoniosas!

Monja de olhar piedoso, calmo e austero,
Que traz à Terra um tênue reverbero
Da mansão das estrelas erradias...

Irmã da paz e da serenidade,
Que abriu meus olhos na Imortalidade,
À esperança de todos os meus dias!

**A. G.**

# Redivivo

Sou o cantor das místicas baladas
Que, em volutas de flores e de incenso,
Achou, no Espaço luminoso e imenso,
O perfume das hóstias consagradas.

Almas que andais gemendo nas estradas
Da amargura e da dor, eu vos pertenço,
Atravessai o nevoeiro denso
Em que viveis no mundo, amortalhadas.

Almas tristes de freiras e sorores,
Sobre quem a saudade despetala
Os seus lírios de pálidos fulgores;

Eu ressurjo nos místicos prazeres,
De vos cantar, na sombra onde se exala
Um perfume de altar e misereres...

**Alphonsus de Guimaraens**

## Depois da festa

Não te entregues na Terra à vil mentira,
Desfaze a teia da filáucia humana,
Que a Morte, em breve, humilha e desengana
A demência da carne que delira...

O gozo desfalece à própria gana,
Toda vaidade ao báratro se atira,
Sob a ilusão mendaz chameja a pira
Da verdade, celeste, soberana.

Finda a festa de baldo riso infando,
A alma transpõe o túmulo chorando,
Qual folha solta ao furacão violento.

E quem da luz não fez templo e guarida,
Desce gemendo, de alma consumida,
Ao turbilhão de cinza e esquecimento.

**Álvaro Teixeira de Macedo**

## O mistério da morte

O mistério da morte é o mistério da vida,
Que abandona a matéria exânime e cansada;
Que traz a treva em si e abre a porta dourada
De um mundo que entre nós é a luz desconhecida.

Também tive a minhalma outrora perturbada,
De dúvida, incerteza e angústias consumida,
Mas a morte sanou-me a última ferida
Desfazendo as lições utópicas do Nada.

A morte é simplesmente o lúcido processo
Desassimilador das formas acessíveis
À luz do vosso olhar, empobrecido e incerto.

Venho testemunhar a luz de onde regresso,
Incitando vossa alma aos planos invisíveis,
Onde vive e se expande o Espírito liberto.

**Amadeu (?)**

## À morte

Ó Morte, eu te adorei, como se foras
O Fim da sinuosa e negra estrada,
Onde habitasse a eterna paz do Nada
Às agonias desconsoladoras.

Eras tu a visão idolatrada
Que sorria na dor das minhas horas,
Visão de tristes faces cismadoras,
Nos crepes do Silêncio amortalhada.

Busquei-te, eu que trazia a alma já morta,
Escorraçada no padecimento,
Batendo alucinado à tua porta;

E escancaraste a porta escura e fria,
Por onde penetrei no Sofrimento,
Numa senda mais triste e mais sombria.

**Antero de Quental**

# Depois da morte

## III

Depois de extravagâncias de teoria,
No seio dessa ciência tão volúvel,
Sobre o problema trágico, insolúvel,
De ver o Deus de Amor, de quem descria,

Morri, reconhecendo, todavia,
Que a morte era um enigma solúvel,
Ela era o laço eterno e indissolúvel,
Que liga o Céu à Terra tão sombria!

E por estas regiões onde eu julgava
Habitar a inconsciência e a mesma treva
Que tanta vez os olhos me cegava,

Vim, gemendo, encontrar as luzes puras
Da verdade brilhante, que se eleva,
Iluminando todas as alturas.

**Antero de Quental**

## Soneto

Quisera crer, na Terra, que existisse
Esta vida que agora estou vivendo,
E nunca encontraria abismo horrendo,
De amargoso penar que se me abrisse.

Andei cego, porém, e sem que visse
Meu próprio bem na dor que ia sofrendo;
Desvairado, ao sepulcro fui descendo,
Sem que a Paz almejada conseguisse.

Da morte a Paz busquei, como se fora
Apossar-me do eterno esquecimento,
Ao viver da minh'alma sofredora;

E em vez de imperturbáveis quietitudes,
Encontrei os Remorsos e o Tormento,
Recrudescendo as minhas dores rudes.

**Antero de Quental**

## Do Além

Pudesse o nosso olhar, vagueando os ermos,
Ver através da própria soledade
A expressão luminosa da Verdade,
E da luz da Verdade não descrermos...

Preocupar-se aí, porém, quem há de
Com o problema de sermos ou não sermos,
Pois que o ardente desejo de o sabermos
É sempre o anelo falso da vaidade?

Peregrinos da dor, na dor andamos
Sem que a nossa miséria se desfaça
No escabroso caminho onde marchamos,

Seguindo a alma nos sonhos iludida,
Até que a dor unindo-se à desgraça
Descerre os véus que encobrem outra vida.

**Antônio Nobre**

# Homo

## II

Após a introspecção do Além da Morte,
Vendo a terra que os próprios ossos come,
Horrente a devorar com sede e fome
Minhas carnes em lúbrico transporte,

Vi que o "ego" era o alento flâmeo e forte
Da luz mental que a morte não consome.
Não há luta mavórtica que o dome,
Ou venenada lâmina que o corte.

Depois da estercorária microbiana,
De que o planeta triste se engalana
Nas grilhetas do Infinitesimal,

Volve o Espírito ao páramo celeste,
Onde a divina essência se reveste
Da substância fluida, universal.

**Augusto dos Anjos**

## Espírito

Busca a Ciência o Ser pelos ossuários,
No órgão morto, impassível, atro e mudo;
No labor anatômico, no estudo
Do germe, em seus impulsos embrionários;

Mas só encontra os vermes-funcionários
No seu trabalho infame, horrendo e rudo,
De consumir as podridões de tudo,
Nos seus medonhos ágapes mortuários.

No meio triste de cadaverinas
Acha-se apenas ruína sobre ruínas,
Como o bolor e o mofo sob as heras;

A alma que é Vibração, Vida e Essência,
Está nas luzes da sobrevivência,
No transcendentalismo das esferas.

**Augusto dos Anjos**

## Vida e morte

A morte é como um fato resultante
Das ações de um fenômeno vulgar,
Desorganização molecular,
Fim das forças do plasma agonizante.

Mas a vida a si mesma se garante
Na sua eternidade singular,
E em sua transcendência vai buscar
A luz do espaço, fúlgida e distante!

Vida e Morte — fenômenos divinos,
Na ascendência de todos os destinos,
Do portentoso amor de Deus oriundos...

Vida e Morte — Presente eterno da Ânsia,
Ou condição diversa da substância,
Que manifesta o espírito nos mundos.

**Augusto dos Anjos**

## Nos véus da carne

Na ilusão material da carne espúria,
Sob o acervo das células taradas,
Choram de dor as almas condenadas
Ao cárcere de lágrima e penúria.

Entre as sombras das míseras estradas,
Vê-se a guerra da inveja e da luxúria,
Esfacelando com medonha fúria
O coração das almas bem formadas.

É nesse turbilhão de dor e de ânsia
Que o homem procura a eterna substância
Da verdade suprema, alta, imortal.

Deixando corpos pelos cemitérios,
A alma decifra o livro dos mistérios
De luz e amor da vida universal.

**Augusto dos Anjos**

## Hora extrema

Quando exalei meus últimos alentos
Nesse mundo de mágoas e de dores,
Senti meu ser fugindo aos amargores
Dos meus dias tristonhos, nevoentos.

A tortura dos últimos momentos
Era o fim dos meus sonhos promissores,
Do meu viver sem luz, sem paz, sem flores,
Que se extinguia em atros sofrimentos.

Senti, porém, minhalma sofredora
Mergulhada nas brisas de uma aurora,
Sem as sombras da dor e da agonia...

Então parti, serena e jubilosa,
Em demanda da estrada esplendorosa
Que nos conduz às plagas da harmonia!

**Auta de Souza**

## A sepultura

Como a orquídea de arminho quando nasce,
Sobre a lama ascorosa refulgindo,
A brancura das pétalas abrindo,
Como se a neve alvíssima a orvalhasse;

Qual essa flor fragrante, como a face
Dum querubim angélico sorrindo,
Do monturo pestífero emergindo,
Luz que sobre negrumes se avistasse;

Assim também do túmulo asqueroso,
Evola-se a essência luminosa
Da alma que busca o céu maravilhoso;

E como o lodo é o berço vil de flores,
A sepultura fria e tenebrosa
É o berço de almas — senda de esplendores.

**Cruz e Souza**

# Beleza da morte

Há no estertor da morte uma beleza
Transcendente, ignota, luminosa,
Beleza sossegada e silenciosa,
Da luz branca da Paz, trêmula e acesa...

É o augusto momento em que a alma, presa
Às cadeias da carne tenebrosa,
Abandona a prisão, dorida e ansiosa,
Sentindo a vida de outra natureza.

Um mistério divino há nesse instante,
No qual o corpo morre e a alma vibrante
Foge da noite das melancolias!...

No silêncio de cada moribundo,
Há a promessa de vida em outro mundo,
Na mais sagrada das hierarquias.

**Cruz e Souza**

## Vida

Nem a paz, nem o fim! A vida, a vida apenas
É tudo que encontrei e é tudo que me espera!
O ouro, a fama, o prazer e as ilusões terrenas
São lodo, fumo e cinza ao fundo da cratera.

Esvaiu-se a vaidade!... Os júbilos e as penas,
A alegria que exalta e a dor que regenera,
Em cenário diverso aprimorando as cenas,
Continuam, porém, vibrando noutra esfera.

Morte, desvenda à Terra os planos que descobres,
Fala de tua luz aos mais vis e aos mais nobres,
Renova o coração do mundo impenitente!

Dize aos homens sem Deus, nos círculos escuros,
Que além do gelo atroz que te reveste os muros,
Há vida... sempre a vida... a vida eternamente...

**Edmundo Xavier de Barros**

## Além

Além da sepultura, a nova aurora
Luminosa e divina se levanta;
Lá palpita a beleza onde a alma canta,
À luz do amor que vibra e revigora.

Ó corações que a lágrima devora,
Prisioneiros da dor que fere e espanta,
Tende na vossa fé a bíblia santa,
E em vossa luta o bem de cada hora.

Além da morte, a vida tumultua,
O trabalho divino continua...
Vida e morte — exultai ao bendizê-las!

Esperai nos tormentos mais profundos,
Que a este mundo sucedem-se outros mundos,
E às estrelas sucedem-se as estrelas!

**João de Deus**

## Sem sombras

Junto ao sepulcro onde a saudade chora
E onde o sonho das lágrimas termina,
Abre-se a porta da mansão divina
Entalhada em reflexos de aurora.

Não mais a noite; vive em tudo, agora,
A beleza profunda e peregrina,
Envolvida na luz esmeraldina
Da esperança que vibra e resplendora.

Sem as sombras das lutas desumanas,
A alma vitoriosa entoa hosanas,
Ébria de paz e de imortalidade.

Não lamenteis quem parta ao fim do dia,
Que a sepultura em cinza escura e fria
É a nova porta para a eternidade.

**Lucindo Filho**

## Voltando

Após a longa e frígida nortada
Da existência no mundo de invernia,
Busquei contente a paz que me sorria
No fim da áspera senda palmilhada.

Voltei. Nova era a vida, nova a estrada
Que minhalma extasiada percorria;
Divinal era a luz que resplendia,
Em revérberos lindos de alvorada.

De volta, e os mesmos seres que me haviam
Ofertado na Terra amores santos,
Envoltos em ternuras e em carinhos,

Novamente no Além me ofereciam
Lenitivo às agruras dos meus prantos,
Nas carícias risonhas dos caminhos.

**Luiz Guimarães Júnior**

## Além ainda...

Caminheiro que vais ao fim do dia
Demandando o crepúsculo das dores,
Não te percas na lágrima sombria
Da tormenta de anseios e amargores!

Além da sepultura principia
O caminho dos sonhos redentores,
Na alvorada perene da harmonia,
Aureolada de eternos resplendores.

Desolado viajor, ergue teus olhos!
Não te prendas somente ao chão tristonho,
Guarda a esperança carinhosa e linda!

Vence a longa jornada dos abrolhos,
Que o país luminoso do teu sonho
Fica ao alto... distante... além ainda...

**Luiz Murat**

## No estranho portal

No último instante, a lágrima dorida
Resume as ânsias da existência inteira,
E a saudade é a tristonha mensageira
Que engrinalda de angústia a despedida.

A antevisão do fim de toda a vida
Obscurece a tela derradeira
E a noite escura se distende à beira
Da suprema esperança desvalida.

Um golpe... Um sonho... e excelsa clarinada
Anuncia outra vida renovada,
Brilhando além da lápide sombria.

Apagou-se a candeia transitória
E a verdade refulge envolta em glória,
Aos clarões imortais do Novo Dia.

**Luiz Pistarini**

## Soneto

Por tanto tempo andei faminto e errante,
Que os prazeres da vida converti-os
Em poemas das formas, em sombrios
Pesadelos da carne palpitante.

No derradeiro sono, instante a instante,
Vi fanarem-se anseios como fios
De ilusão transformada em sopros frios,
Sobre o meu peito em febre, vacilante.

Morte, no teu portal a alma tateia,
Espia, inquire, sonda e chora, cheia
De incerteza na esfinge que tu plasmas!...

Impassível, descerras aos aflitos
Uma visão de mundos infinitos
E uma ronda infinita de fantasmas.

**Olavo Bilac**

## “Post mortem”

Depois da morte, tudo aqui subsiste,
Neste Além que sonhamos, que entrevemos,
Quando a nossa alma chora nos extremos
Dessa dor que no mundo nos assiste.

Doce consolação, porém, existe
Aos amargosos prantos que vertemos,
Do conforto celeste os bens supremos
Ao coração desalentado e triste.

Também existe aqui a austera pena
À consciência infeliz que se condena,
Por qualquer erro ou falta cometida;

E a Morte continua eliminando
A influência do mal, torvo e nefando,
Para que brilhe a Perfeição da Vida.

**Raul de Leoni**

## Livros da Federação Espírita Brasileira

### Francisco Cândido Xavier

### PARNASO DE ALÉM-TÚMULO (Edição luxo)

"Parnaso de Além-Túmulo", com notas e estudos estilísticos do Dr. Elias Barbosa, monumental obra mediúnica que recebeu comentários e críticas de abalizados escritores e cronistas nacionais, entre eles Humberto de Campos, Zeferino Brazil, Edmundo Lys, R. Magalhães Júnior e outros. Trata-se de uma das mais ricas coletâneas poéticas, quer pela variedade dos temas e dos ritmos, quer pela perfeição da métrica, quer, ainda, pela espontaneidade e superior inspiração. Mais de 50 poetas voltam do Além-Túmulo e vêm, através de quinhentas e tantas páginas, de grande formato, identificar-se e fornecer, assim, uma das provas subjetivas mais robustas em favor da sobrevivência. Com dezenas de retratos em aguada de Cecconi, diversos índices, e capa em três cores, é livro de conteúdo edificante e consolador, bom para ser presenteado a familiares, amigos e parentes.

### PALAVRAS DE EMMANUEL

Nesta compilação, organizada pelo Dr. Sylvio Brito Soares, realmente proveitosa para todos os que têm o desejo de se instruir, encontrará o leitor uma série de ensinamentos colhidos, aqui e acolá, das maravilhosas obras ditadas por Emmanuel a **Francisco Cândido Xavier.**

**Francisco Cândido Xavier e Waldo Vieira**

## ANTOLOGIA DOS IMORTAIS

Psicografada pelos médiuns acima, é obra que reúne duas centenas de belíssimas produções poéticas, todas objetivando a edificação moral da criatura humana, a mostrar-lhe, igualmente, que a morte é porta para outra vida em que os enganos, os erros, os remorsos, as alegrias e as esperanças tomam cores mais vivas.

O formato grande, o papel de primeiríssima qualidade, a primorosa apresentação gráfica, os retratos de mais de cem poetas brilhantemente biografados pelo Dr. Elias Barbosa, organizador e prefaciador, os estudos críticos — tudo, tudo, enfim, faz de "Antologia dos Imortais" uma das mais importantes obras poéticas da FEB.

## TROVADORES DO ALÉM

Trezentas e doze trovas recebidas pelos médiuns Francisco Cândido Xavier e Waldo Vieira. Noventa e cinco trovadores nos encantam a alma com suas maravilhosas quadrinhas. Prefaciada por Elias Barbosa, contém ainda notas biobibliográficas dos trovadores e dos médiuns que as psicografaram.

## Hernani T. Sant'Anna

## CORREIO ENTRE DOIS MUNDOS

Obra mediúnica feita de mensagens em prosa e verso de diversos autores espirituais, recebidas através da mediunidade de Hernani Trindade Sant'Anna. O leitor verá desfilarem através delas os estros de Espíritos tais como Castro Alves, Amaral Ornellas, Letícia, Cármen Cinira, M. M. du Bocage, Camões, Fagundes Varela, além de Áureo, André e muitos outros iluminados do Além. Abre o livro tocante poesia — o soneto **Ao Anjo Ismael**, de autoria do próprio médium, que, como excelente poeta que é, compõe também a poesia-fecho da obra: **Obrigado, Senhor**.

*

## Francisco Cândido Xavier

## ANTOLOGIA DA ESPIRITUALIDADE

"Este é um livro — de amor para os que cultivam a ciência de amar; de alegria para os que se rejubilam com as dádivas incessantes da vida; de luz para os que se desvencilham da sombra; de união para os que se desvelam na sustentação da concórdia; de serviço para os que se empenham a servir; de esperança para quantos se esforçam na extinção do pessimismo e da angústia; de fé para os que trabalham no levantamento do Mundo Melhor (...)." *(Extraído do Prefácio, pelo Espírito Emmanuel.)*

## Francisco Cândido Xavier

## "GOTAS DE LUZ"

Francisco Cândido Xavier deu-nos mais uma obra de grande valor doutrinário, cujo título, bem significativo, indica que o desejo do Autor — Casimiro Cunha — é iluminar consciências, preparando-as para as lutas e os obstáculos que a vida nos põe à frente.

É um livro filosófico, profundamente filosófico, mas, ao revés de obras semelhantes, ele se nos apresenta em estilo popular, oferecendo-nos, em pequeninas quadras, ensinamentos proveitosos, e dando-nos, em diminutos versos, muito que pensar.

Transcrevamos algumas dessas quadras, para que o leitor julgue, por si mesmo, do valor educativo de "Gotas de Luz".

*Uma palavra que emende,*
*Uma palavra que corte...*
*Uma pode dar a vida,*
*Outra pode dar a morte.*

*Que não te espante a aspereza*
*Do espírito envenenado;*
*Quem bebe cicuta e fel*
*Não pode cuspir melado.*

*Insultos, provocações,*
*Não retenhas na memória.*
*A inveja é sempre um tributo*
*Que a mesquinhez rende à glória.*

*Nos pareceres dos outros*
*Nem sempre há muita valia.*
*Há sarcasmo que te exalta*
*E há louvor que te injuria.*

*Meu Senhor, Pai de Bondade,*
*De Luz e de Amor sem fim,*
*Não me abandones à treva*
*Que trago dentro de mim.*

Por essas poucas quadras, o leitor poderá avaliar do proveito que a todos é possível tirar da meditação de seus ensinamentos, profundos, não há dúvida, mas simples e penetrantes como a própria luz de que são formados.